Spanish Verb Flashcards
Flip-O-Matic

Other Kaplan Books for Spanish Learners

Spanish Vocabulary Flashcards Flip-O-Matic

Lazarillo de Tormes: A Kaplan Spanish-Language Vocabulary-Building Novel

Spanish Verb Flashcards Flip-O-Matic

Compiled by Johnnie Eng

Published by Kaplan Publishing, and imprint of Kaplan, Inc.
888 Seventh Ave.
New York, New York 10106

Editor: Ruth Baygell
Production Manager: Michael Shevlin
Executive Editor: Jennifer Farthing

June 2006

10 9 8 7 6 5 4 3 2

Manufactured in the United States of America
Published simultaneously in Canada

ISBN 0-7432-6037-6

HOW TO USE THIS BOOK

This book will help you to review a broad range of tenses and the important verbs you may be required to use on exams or in everyday speech. The more you are able to use a variety of tenses, the better you will show your ability to speak and write advanced Spanish. The verbs chosen here are considered part of an advanced vocabulary; as such, some of the more high-frequency verbs such as *hablar*, *comer*, and *vivir* have not been included.

If you are taking an AP Spanish Exam: The advanced verbs here will help you to prepare for the free-response answers. The more you are able to use a variety of tenses in your essays, the more you will show your ability to write advanced composition. Additionally, you will be more prepared for the oral narrative and for the tenses necessary in the discrete grammar section.

If you are taking an SAT II, CLEP, or another college placement test: The tenses included here will help you in the reading comprehension and in determining the right verb tense in multiple-choice items.

If you are learning Spanish verbs on your own: This reference tool will allow you to check the appropriate verb tenses necessary in everyday communication, whether formal or informal.

FORMAT OF THE BOOK

This book provides the conjugated forms of verbs in a variety of tenses, broken down within the following moods:

- **Indicative**: present, preterite, imperfect, future, and conditional
- **Imperative**
- **Subjunctive**: present subjunctive, imperfect subjunctive

Additionally, the book provides forms for the *present participle* (needed to form **progressive** tenses), and the *past participle* (used with the verb *haber* to form **perfect** tenses).

In some cases, a verb may have more than one meaning. *Tener*, for example, normally means "to have," but it may also mean "to be" as in, *Tengo frío* (I am cold). Since these types of special examples are considered idiomatic expressions or special uses of the verb, they have not been defined here. Definitions are restricted to a verb's most common meaning(s).

THE INDICATIVE MOOD

The indicative mood is based upon knowledge of things or persons that exist and are real. When you use this tense, there is certainty about the things to which you refer.

The indicative is the most common way of expressing a simple sentence or a compound sentence. In certain cases, it may be used in the same (complex) sentence as another mood (the subjunctive), acting as the verb in the main or independent clause.

Present

The present indicative is used to indicate what normally happens or what is happening now. *Yo asisto a la escuela* (I attend school) expresses an action that occurs regularly or is happening now.

The present indicative may also be used to express an immediate future action, as in, *Mañana estudio con mis amigos* (Tomorrow I will study with my friends), though you could also conjugate the verb *ir* then add the word *a* plus the infinitive: *Mañana voy a estudiar con mis amigos* (Tomorrow I am going to study with my friends).

This verb tense is formed by adding the endings noted in the regular verb chart to the stem of the verb.

Preterite

The preterite tense expresses a past completed action that was not repeated or lengthened. As a whole, the action is over: *Ayer tomé el examen de biología* (Yesterday I took the biology exam). This tense also indicates an interruption while another action is occurring: *Mientras Juan estudiaba, el teléfono sonó* (While John was studying, the telephone rang).

Words that may trigger the use of the preterite are *ayer, anoche, el año pasado, hace* + a period of time + *que*; *una vez, de repente, el sábado* (or any day of the week). Some verbs such as *conocer*, *saber*, *tener*, *querer*, and *poder* change meaning when they are in the preterite.

Some verbs, because of their nature, almost always take the preterite tense rather than the imperfect. *Nacer*, *morir*, *terminar*, *comenzar*, and *empezar*, for instance, are generally not repeated or lengthened, so they are usually expressed in the preterite to denote a past action.

This verb tense is formed by adding the endings noted in the regular verb chart to the stem of the verb.

Imperfect

The imperfect tense describes a continued or repeated action in the past. *Cuándo era niña, jugaba en la playa* (When I was a child, I played in the beach). Key words that may trigger the use of the imperfect include *siempre*, *todos los días*, *frecuentemente*, *cada día*, *los lunes* (or any day of the week in the plural), *generalmente*, *mientras*, *de vez en cuando*, and *muchas veces*.

In certain cases having to do with age and time, one must use the imperfect indicative: *Tenía cinco años* (I was five years old), or *Eran las dos de la tarde* (It was two o'clock in the afternoon). Similarly, with the sentence *Francisca era muy bonita de niña* (Frances was very pretty as a child), this does not suggest that Frances has changed, it simply describes her in the past.

This verb tense is formed by adding the endings noted in the regular verb chart to the stem of the verb.

Future

The future indicative is the formal way to express something that is to occur in the future. It is the equivalent of "I shall speak" or "They will study." Informally, many people use the present tense to express an immediate future, or else use the present tense conjugation of *ir (voy)* + the word *a* plus an infinitive. Most grammarians, however, expect students to use the future tense in formal essays or exams.

The future tense is also used to express wonderment or probability: *¿Dónde estará María?* (I wonder where Mary is?) or the answer, *Estará en casa* (She is probably home).

This verb tense is formed by adding the endings noted in the regular verb chart to the infinitive of the verb.

Conditional

The conditional indicative tells us what might happen if a condition is met. It is normally used with the past tense in a complex sentence. In the sentence, *Juan dijo que iría* (Joe said he would go), we could probably guess that John needs to meet a condition or that his commitment isn't as strong as if it would be if it were expressed in the future.

The conditional is also used to express wonderment or probability in the past: *¿Qué hora sería?* (I wonder what time it was?) or the answer, *Serían las diez* (It was probably ten o'clock).

This verb tense is formed by adding the endings noted in the regular verb chart to the infinitive of the verb.

THE IMPERATIVE MOOD

The imperative mood is used to express a direct command. A direct command may be issued only to *you*, that is, to one or more persons, whether formal or informal (*tú*, *vosotros*, *Ud.*, or *Uds.*).

In the body of this book, the imperative mood forms appear in the following order:

Tú affirmative

Tú negative (*No* or a negative word must appear in front of this form)

Vosotros affirmative

Vosotros negative (*No* or a negative word must appear in front of this form)

Ud. (same form for affirmative or negative, except that *No* or another negative word must appear in front of the negative form.)

Uds. (same form for affirmative or negative, except that *No* or another negative word must appear in front of the negative form.)

THE SUBJUNCTIVE MOOD

The subjunctive mood appears predominantly in complex sentences; that is, in sentences that have a main clause and a dependent clause. If the verb in the main clause expresses doubt, disbelief, denial, uncertainty, or imposition of will, the subjunctive should be used in the dependent clause. The specific subjunctive tense required will depend on the tense expressed in the main clause verb.

Present

The present subjunctive tense is used with the word *Ojalá* (I hope) or to express an indirect command such as *Que baile José* (Let Joe dance). It is also used in complex sentences where the verb in the main clause is in the present indicative, future indicative, or imperative (command) form.

This verb tense is formed by taking the first person singular (*yo*) of the present tense, dropping the *-o* ending, and then adding the endings noted in the verb chart.

Present Perfect

The present perfect subjunctive is used to express an action that occurred before the time indicated by the main verb: *Dudo que el estudiante haya aprobado el examen* (I doubt that the student has passed the exam).

Imperfect

As with the present subjunctive, the imperfect subjunctive is used when the verb in the main clause is in the past or the conditional tense: *La chica esperaba que el examen fuera fácil* (The girl hoped that the test would be easy). It is also used with *Ojalá* to mean "I wish."

There are two sets of endings for the imperfect subjunctive: One is the set of *se* endings, and the other is the set of *ra* endings. Only the *ra* endings are provided in this book, as these have become more acceptable in written and spoken speech.

This verb tense is formed by taking the preterite, third person plural (*ellos*, *ellas*, *Uds.*) form and dropping *ron*, and then adding the endings noted in the verb chart.

PROGRESSIVE TENSES

Verb tenses that are indicated by the term *progressive* express an action in progress at a certain time. The present progressive indicates an action in progress at the present time; the future progressive indicates an action in progress at a future time, etc.

The progressive tenses are also called *compound tenses* since they include two components. The main verb is expressed as a present participle (normally, the *-ing* form of the verb in English), and the auxiliary verb is almost any verb of motion, though it is generally *estar*. If the present tense of *estar* is used as the auxiliary verb and is followed by the present participle, then the present progressive tense is being utilized: *Nosotros estamos leyendo un libro* (We are reading a book [only at the present time]).

The present progressive tense can be used only to express an action in progress and not a future action: *Estudiaré para mi examen por la tarde* (I am studying for my test this afternoon). The auxiliary verb *estar* (or a verb of motion) indicates the subject of the verb.

The present participle is formed by adding *ando* to verbs whose infinitives end in *ar* and *iendo* to verbs whose infinitive ends in *er* or *ir*.

PERFECT TENSES

Perfect tenses are compound tenses that express a completed action. In Spanish, the perfect tenses are produced by adding the past participle of the main verb (usually the form ending in *-ado* or *-ido*) to the conjugated form of the verb *haber*.

In the present perfect, the action expressed has already occurred, but it has an influence on the action currently happening: *He llamado a María para determinar dónde vamos a comer* (I have called Mary to determine where we are going to eat). The present action, "where we are going to eat" is influenced by the past action, "I have called Mary to determine."

In the past perfect, the action had already occurred when the action in the subsequent clause happened. *Ya había hablado con María cuando la vi en la tienda* (I had already spoken to Mary when I saw her at the store). This time factor will also be expressed in the future and conditional perfect tenses: *Habré comprado un coche nuevo cuando te vea* (I will have bought a new car when I see you) and *Habría comprado un coche nuevo para entonces* (I would have bought a new car by then). The present perfect and the pluperfect are also expressed when required in their subjunctive forms.

The are two options for the past perfect tenses: the *preterite perfect* and the *pluperfect* (it would be illogical to call it the *imperfect perfect*). The latter is preferred by most Spanish speakers.

There are two options for the subjunctive forms of these tenses: the *present perfect* and the *pluperfect*. These are formed the same way as the indicative tenses listed in the first paragraph. For the present perfect subjunctive: *Ojalá que María haya llegado a tiempo a su cita* (I hope that Mary will have arrived on time for her appointment), and the pluperfect subjunctive: *Dudaba que Juan hubiera comprado un coche nuevo*. (I doubted that John had bought a new car).

SPECIAL CONSIDERATIONS

Special Verbs

Certain verbs are used with an indirect object pronoun (*me*, *te*, *le*, *nos*, *os*, *les*), and the third person, singular or plural form of these verbs. *Me gusta el libro* means "I like the book." In reality, the sentence in Spanish means, "The book is pleasing to me." The activity, thing, person, etc. that is liked is the actual subject. Since the subject will always be an item(s), activity(ies), etc., only the third person form of the verb is required. Similar types of verbs are *agradar* (to be pleased with); *bastar* (to be enough, to suffice); *doler* (to hurt; to be painful); and *faltar/hacer falta* (to be lacking, to need). These verb forms are not listed in the book.

Haber is another type of special verb. It has two usages: First, it is used as an auxiliary verb for the perfect tenses (seen throughout this book). But it is also used as an impersonal verb. *Hay* means "there is/there are." *Hubo* means "there was/were" when citing something that has happened or occurred, and *había* means "there was/were" when describing an event or situation. *Habrá* means "there will be," and *habría* means "there would be." Of course, these forms may also be used interrogatively to ask a question or with the word *no* or a negative phrase to express a negative idea.

Reflexive Verbs

When an infinitive is listed with the ending *-se* in parentheses, it identifies the reflexive form. This can also indicate a change in meaning from a verb's transitive form: *El ministro casó a la pareja en la iglesia* (The minister married the couple at the church). If you use the reflexive verb, however, the meaning changes: *La pareja se casó en la iglesia* (The couple got married in church).

Reflexive verbs require the use of a reflexive pronoun (*me*, *te*, *se*, *nos*, *os*, *se*) in front of the conjugated verb form. These reflexive pronouns must be attached to the affirmative commands, though with the present participle or infinitive verb form, they may also appear separately. *Lávense las manos* (Wash your hands).

Subject Pronouns

On the following pages, all conjugated verbs appear in the following order:

Yo (first person singular)

Tú (second person singular)

Él, Ella, or Ud. (third person singular)

Nosotros or Nosotras (first person plural)

Vosotros or Vosotras (second person plural)

Ellos, Ellas, or Uds. (third person plural)

Some things to remember:

1. The third person singular may include objects, animals, or collective nouns, such as, *familia*, *equipo*, or *clase*. Though collective nouns indicate more than one person, their form is always in the singular.
2. The first person plural (*nosotros/nosotras*) communicates the idea of *we*. The number of people or things does not matter; however, the pronoun *I* (*yo*) must be included. *Todo el mundo y yo* [*nosotros*] *vamos al cine los sábados* (The whole world and I go to the movies on Saturdays).

3. The second person forms (*tú* and *vosotros/vosotras*) indicate informality in speech, so you could address a person by his first name. On the AP Exam, as on most other exams, you are not required to use the *vosotros* form, but you may encounter it in reading selections and should recognize its use.

Object Pronouns

In Spanish, object pronouns—whether direct or indirect—must be located in the appropriate place in a sentence. Generally, with a conjugated or negative command form of a verb, the following are placed *in front*:

Direct object pronouns (*me, te, la, lo, nos, os, los, las*)

Indirect object pronouns (*me, te, le**, *nos, os, les**)

Reflexive pronouns (*me, te, se, nos, os, se*)

Generally, with an affirmative, informal command (*vosotros*), the final *-d* of the command form is dropped and the object pronoun *os* is added. Take the verb *dar*. *Dad* is the command form, and when used with an object pronoun, it becomes *daos*. The only exception to this rule is the verb *irse* (to go away). The command form is *idos*, though in conversational speech it is often said *iros*.

Object pronouns may be attached to an infinitive or present participle form, but they must be attached to an affirmative command.

**Le* and *les* change to *se* when they appear before another object pronoun that begins with the letter *l*.

REGULAR -*AR* VERBS

Present	**Preterite**	**Imperfect**	**Future**	**Conditional**
-o	*-é*	*-aba*	*-e*	*-ía*
-as	*-aste*	*-abas*	*-ás*	*-ías*
-amos	*-ó*	*-aba*	*-a*	*-ía*
-amos	*-amos*	*-ábamos*	*-emos*	*-íamos*
-áis	*-asteis*	*-abais*	*-éis*	*-íais*
-an	*-aron*	*-aban*	*-án*	*-ían*

Present Subjunctive	**Imperfect Subjunctive**	**Imperative**	**Present Participle**	**Past Participle**
-e	*-ra*	*-a*	*-ando*	*-ado*
-es	*-ras*	*-es**		
-e	*-ra*	*-d*		
-emos	*-(á)ramos*	*-éis**		
-éis	*-rais*	*-e*		
-en	*-ran*	*-en*		

**No* or a negative word must appear in front of the negative forms of these words. Note the * in conjugations throughout the book.

REGULAR -*ER* VERBS

Present	Preterite	Imperfect	Future	Conditional
-o	*-í*	*-ía*	*-é*	*-ía*
-es	*-iste*	*-ías*	*-ás*	*-ías*
-e	*-ió*	*-ía*	*-á*	*-ía*
-emos	*-imos*	*-íamos*	*-emos*	*-íamos*
-éis	*-isteis*	*-íais*	*-éis*	*-íais*
-en	*-ieron*	*-ían*	*-án*	*-ían*

Present Subjunctive	Imperfect Subjunctive	Imperative	Present Participle	Past Participle
-a	*-ra*	*-a*	*-iendo*	*-ido*
-as	*-ras*	*-es**		
-a	*-ra*	*-d*		
-amos	*-(é)ramos*	*-éis**		
-áis	*-rais*	*-e*		
-an	*-ran*	*-en*		

**No* or a negative word must appear in front of the negative forms of these words. Note the * in conjugations throughout the book.

REGULAR -*IR* VERBS

Present	Preterite	Imperfect	Future	Conditional
-o	*-í*	*-ía*	*-é*	*-ía*
-es	*-iste*	*-ías*	*-ás*	*-ías*
-e	*-ió*	*-ía*	*-á*	*-ía*
-imos	*-imos*	*-íamos*	*-emos*	*-íamos*
-ís	*-isteis*	*-íais*	*-éis*	*-íais*
-en	*-ieron*	*-ían*	*-án*	*-ían*

Present Subjunctive	Imperfect Subjunctive	Imperative	Present Participle	Past Participle
-a	*-ra*	*-e*	*-iendo*	*-ido*
-as	*-ras*	*-as**		
-a	*-ra*	*-d*		
-amos	*-(é)ramos*	*-áis**		
-áis	*-rais*	*-a*		
-an	*-ran*	*-an*		

**No* or a negative word must appear in front of the negative forms of these words. Note the * in conjugations throughout the book.

ACERCAR(SE)

to draw near; to approach

La mujer *se acercó* a la taquilla.
The woman approached the ticket window.

Present	Preterite	Imperfect	Future	Conditional
yazco	yací	yacía	yaceré	yacería
yaces	yaciste	yacías	yacerás	yacerías
yace	yació	yacía	yacerá	yacería
yacemos	yacimos	yacíamos	yaceremos	yaceríamos
yacéis	yacisteis	yacíais	yaceréis	yaceríais
yacen	yacieron	yacían	yacerán	yacerían

Present Subjunctive	Imperfect Subjunctive	Imperative	Present Participle	Past Participle
yazca	yaciera	yace	yaciendo	yacido
yazcas	yacieras	yazcas*		
yazca	yaciera	yaced		
yazcamos	yaciéramos	yazcáis*		
yazcáis	yacierais	yazca		
yazcan	yacieran	yazcan		

Present	Preterite	Imperfect	Future	Conditional
acerco	acerqué	acercaba	acercaré	acercaría
acercas	acercaste	acercabas	acercarás	acercarías
acerca	acercó	acercaba	acercará	acercaría
acercamos	acercamos	acercábamo	acercaremos	acercaríamo
acercáis	acercasteis	acercabais	acercaréis	acercaríais
acercan	acercaron	acercaban	acercarán	acercarían

Present Subjunctive	Imperfect Subjunctive	Imperative	Present Participle	Past Participle
acerque	acercara	acerca	acercando	acercado
acerques	acercaras	acerques*		
acerque	acercara	acercad		
acerquemos	acercáramos	acerquéis*		
acerquéis	acercarais	acerque		
acerquen	acercaran	acerquen		

YACER

to lie; to be buried

Sus restos mortales *yacen* en el cementerio.
Her mortal remains lie in the cemetery.

ACERTAR

to get right; to find; to hit the mark

Es necesario que ella *acierte* esta vez.
It is necessary that she gets it right this time.

Present	Preterite	Imperfect	Future	Conditional
vuelvo	volví	volvía	volveré	volvería
vuelves	volviste	volvías	volverás	volverías
vuelve	volvió	volvía	volverá	volvería
volvemos	volvimos	volvíamos	volveremos	volveríamos
volvéis	volvisteis	volvíais	volveréis	volveríais
vuelven	volvieron	volvían	volverán	volverían

Present Subjunctive	Imperfect Subjunctive	Imperative	Present Participle	Past Participle
vuelva	volviera	vuelve	volviendo	vuelto
vuelvas	volvieras	vuelvas*		
vuelva	volviera	volved		
volvamos	volviéramos	volváis*		
volváis	volvierais	vuelva		
vuelvan	volvieran	vuelvan		

Present	Preterite	Imperfect	Future	Conditional
acierto	acerté	acertaba	acertaré	acertaría
aciertas	acertaste	acertabas	acertarás	acertarías
acierta	acertó	acertaba	acertará	acertaría
acertamos	acertamos	acertábamos	acertaremos	acertaríamos
acertáis	acertasteis	acertabais	acertaréis	acertaríais
aciertan	acertaron	acertaban	acertarán	acertarían

Present Subjunctive	Imperfect Subjunctive	Imperative	Present Participle	Past Participle
acierte	acertara	acierta	acertando	acertado
aciertes	acertaras	aciertes*		
acierte	acertara	acertad		
acertemos	acertáramos	acertéis*		
acertéis	acertarais	acierte		
acierten	acertaran	acierten		

VOLVER

to return; to come back; to do again

No *vuelvan* tarde a casa.
Don't return home late.

ACLARAR

to clarify; to make clear; to clear [weather]

Un ejemplo *aclarará* el problema.
An example will make the problem clear.

Present	Preterite	Imperfect	Future	Conditional
vuelo	volé	volaba	volaré	volaría
vuelas	volaste	volabas	volarás	volarías
vuela	voló	volaba	volará	volaría
volamos	volamos	volábamos	volaremos	volaríamos
voláis	volasteis	volabais	volaréis	volaríais
vuelan	volaron	volaban	volarán	volarían

Present Subjunctive	Imperfect Subjunctive	Imperative	Present Participle	Past Participle
vuele	volara	vuela	volando	volado
vueles	volaras	vueles*		
vuele	volara	volad		
volemos	voláramos	voléis*		
voléis	volarais	vuele		
vuelen	volaran	vuelen		

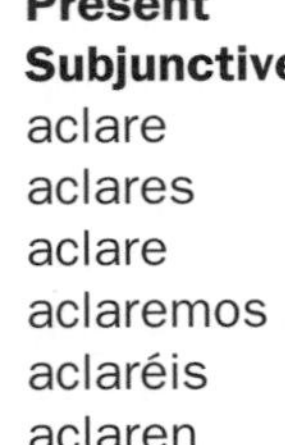

Present	Preterite	Imperfect	Future	Conditional
aclaro	aclaré	aclaraba	aclararé	aclararía
aclaras	aclaraste	aclarabas	aclararás	aclararías
aclara	aclaró	aclaraba	aclarará	aclararía
aclaramos	aclaramos	aclarábamos	aclararemos	aclararíamos
aclaráis	aclarasteis	aclarabais	aclararéis	aclararíais
aclaran	aclararon	aclaraban	aclararán	aclararían

Present Subjunctive	Imperfect Subjunctive	Imperative	Present Participle	Past Participle
aclare	aclarara	aclara	aclarando	aclarado
aclares	aclararas	aclares*		
aclare	aclarara	aclarad		
aclaremos	aclaráramos	aclaréis*		
aclaréis	aclararais	aclare		
aclaren	aclararan	aclaren		

VOLAR

to fly

Los pájaron *vuelan* de un lado del parque al otro.

The birds fly from one side of the park to the other.

ACONSEJAR

to advise

Los padres *aconsejan* que sus hijos estudien matemáticas.
The parents advise their children to study math.

Present	Preterite	Imperfect	Future	Conditional
visto	vestí	vestía	vestiré	vestiría
vistes	vestiste	vestías	vestirás	vestirías
viste	vistió	vestía	vestirá	vestiría
vestimos	vestimos	vestíamos	vestiremos	vestiríamos
vestís	vestisteis	vestíais	vestiréis	vestiríais
visten	vistieron	vestían	vestirán	vestirían

Present Subjunctive	Imperfect Subjunctive	Imperative	Present Participle	Past Participle
vista	vistiera	viste	vistiendo	vestido
vistas	vistieras	vistas*		
vista	vistiera	vestid		
vistamos	vistiéramos	vistáis*		
vistáis	vistierais	vista		
vistan	vistieran	vistan		

Present	Preterite	Imperfect	Future	Conditional
aconsejo	aconsejé	aconsejaba	aconsejaré	aconsjeraría
aconsejas	aconsejaste	aconsejabas	aconsejarás	aconsejarías
aconseja	aconsejó	aconsejaba	aconsejará	aconsejaría
aconsejamos	aconsejamos	aconsejábamos	aconsejaremos	aconsejaríamos
aconsejáis	aconsejasteis	aconsejabais	aconsejaréis	aconsejaríais
aconsejan	aconsejaron	aconsejaban	aconsejarán	aconsejarían

Present Subjunctive	Imperfect Subjunctive	Imperative	Present Participle	Past Participle
aconseje	aconsejara		aconsejando	aconsejado
aconsejes	aconsejaras	aconseja		
aconseje	aconsejara	aconsejes*		
aconsejemos	aconsejáramos	aconsejad		
aconsejéis	aconsejarais	aconsejéis*		
aconsejen	aconsejaran	aconseje		
		aconsejen		

VESTIR(SE)

to dress; to get dressed

Arturo *se viste* con ropa de alta calidad.
Arthur dresses in quality clothing.

Present	Preterite	Imperfect	Future	Conditional
verifico	verifiqué	verificaba	verificaré	verificaría
verificas	verificaste	verificabas	verificarás	verificarías
verifica	verificó	verificaba	verificará	verificaría
verificamos	verificamos	verificábamos	verificaremos	verificaríamos
verificáis	verificasteis	verificabais	verificaréis	verificaríais
verifican	verificaron	verificaban	verificarán	verificarían

Present Subjunctive	Imperfect Subjunctive	Imperative	Present Participle	Past Participle
verifique	verificara	verifica	verificando	verificado
verifiques	verificaras	verifiques*		
verifique	verificara	verificad		
verifiquemos	verificáramos	verifiquéis*		
verifiquéis	verificarais	verifique		
verifiquen	verificaran	verifiquen		

ACORDAR(SE)

to remember

Me acuerdo de mi niñez.
I remember my childhood.

Present	Preterite	Imperfect	Future	Conditional
acuerdo	acordé	acordaba	acordaré	acordaría
acuerdas	acordaste	acordabas	acordarás	acordarías
acuerda	acordó	acordaba	acordará	acordaría
acordamos	acordamos	acordábamos	acordaremos	acordaríamos
acordáis	acordasteis	acordabais	acordaréis	acordaríais
acuerdan	acordaron	acordaban	acordarán	acordarían

Present Subjunctive	Imperfect Subjunctive	Imperative	Present Participle	Past Participle
acuerde	acordara	acuerda	acordando	acordado
acuerdes	acordaras	acuerdes*		
acuerde	acordara	acordad		
acordemos	acordáramos	acordéis*		
acordéis	acordarais	acuerde		
acuerden	acordaran	acuerden		

VERIFICAR(SE)

to verify; to check; to take place [an event]

El estudiante *verificó* su promedio en la clase de química.

The student checked his average in his chemistry class.

Present	Preterite	Imperfect	Future	Conditional
veo	vi	veía	veré	vería
ves	viste	veías	verás	verías
ve	vio	veía	verá	vería
vemos	vimos	veíamos	veremos	veríamos
veis	visteis	veíais	veréis	veríais
ven	vieron	veían	verán	verían

Present Subjunctive	Imperfect Subjunctive	Imperative	Present Participle	Past Participle
vea	viera	ve	viendo	visto
veas	vieras	veas*		
vea	viera	ved		
veamos	viéramos	veáis*		
veáis	vierais	vea		
vean	vieran	vean		

ACTUAR

to act; to perform

Isabel *actuará* en el drama.
Elizabeth will perform in the drama.

Present	Preterite	Imperfect	Future	Conditional
actúo	actué	actuaba	actuaré	actuaría
actúas	actuaste	actuabas	actuarás	actuarías
actúa	actuó	actuaba	actuará	actuaría
actuamos	actuamos	actuábamos	actuaremos	actuaríamos
actuáis	actuasteis	actuabais	actuaréis	actuaríais
actúan	actuaron	actuaban	actuarán	actuarían

Present Subjunctive	Imperfect Subjunctive	Imperative	Present Participle	Past Participle
actúe	actuara		actuando	actuado
actúes	actuaras	actúa		
actúe	actuara	actúes*		
actuemos	actuáramos	actuad		
actuéis	actuarais	actuéis*		
actúen	actuaran	actúe		
		actúen		

VER

to see; to look at; to watch

Veo a Margarita en la escuela.

I see Margaret in school.

ACUDIR

to go; to come; to attend; to come forward

¿*Acudieron* tus amigos a la fiesta?
Did your friends go to the party?

Present	Preterite	Imperfect	Future	Conditional
vengo	vine	venía	vendré	vendría
vienes	viniste	venías	vendrás	vendrías
viene	vino	venía	vendrá	vendría
venimos	vinimos	veníamos	vendremos	vendríamos
venís	vinisteis	veníais	vendréis	vendríais
vienen	vinieron	venían	vendrán	vendrían

Present Subjunctive	Imperfect Subjunctive	Imperative	Present Participle	Past Participle
venga	viniera	ven	viniendo	venido
vengas	vinieras	vengas*		
venga	viniera	venid		
vengamos	viniéramos	vengáis*		
vengáis	vinierais	venga		
vengan	vinieran	vengan		

Present	Preterite	Imperfect	Future	Conditional
acudo	acudí	acudía	acudiré	acudiría
acudes	acudiste	acudías	acudirás	acurdirías
acude	acudió	acudía	acudirá	acudiría
acudimos	acudimos	acudíamos	acudiremos	acudiríamos
acudís	acudisteis	acudíais	acudiréis	acurdiríais
acuden	acudieron	acudían	acudirán	acudirían

Present Subjunctive	Imperfect Subjunctive	Imperative	Present Participle	Past Participle
acuda	acudiera	acude	acudiendo	acudido
acudas	acudieras	acudas*		
acuda	acudiera	acudid		
acudamos	acudiéramos	acudáis*		
acudáis	acudierais	acuda		
acudan	acudieran	acudan		

VENIR

to come; to arrive

Mi mejor amiga *viene* el próximo mes para pasar sus vacaciones conmigo.
My best friend is coming next month to spend her vacation with me.

Present	Preterite	Imperfect	Future	Conditional
vendo	vendí	vendía	venderé	vendería
vendes	vendiste	vendías	venderás	venderías
vende	vendió	vendía	venderá	vendería
vendemos	vendimos	vendíamos	venderemos	venderíamos
vendéis	vendisteis	vendíais	venderéis	venderíais
venden	vendieron	vendían	venderán	venderían

Present Subjunctive	Imperfect Subjunctive	Imperative	Present Participle	Past Participle
venda	vendiera	vende	vendiendo	vendido
vendas	vendieras	vendas*		
venda	vendiera	vended		
vendamos	vendiéramos	vendáis*		
vendáis	vendierais	venda		
vendan	vendieran	vendan		

ADIVINAR

to foretell; to guess correctly

¿Quién puede *adivinar* el futuro?
Who can foretell the future?

Present
adivino
adivinas
adivina
adivinamos
adivináis
adivinan

Preterite
adiviné
adivinaste
adivinó
adivinamos
adivinasteis
adivinaron

Imperfect
adivinaba
adivinabas
adivinaba
adivinábamos
adivinabais
adivinaban

Future
adivinaré
adivinarás
advinará
adivinaremos
adivinaréis
adivinarán

Conditional
adivinaría
adivinarías
adivinaría
adivinaríamos
adivinaríais
adivinarían

Present Subjunctive
adivine
adivines
adivine
adivinemos
adivinéis
adivinen

Imperfect Subjunctive
adivinara
adivinaras
adivinara
adivináramos
adivinarais
adivinaran

Imperative
adivina
adivines*
adivinad
adivinéis*
adivine
adivinen

Present Participle
adivinando

Past Participle
adivinado

VENDER

to sell; to vend

Se *venden* muchos automóviles en diciembre.
Many cars are sold in December.

ADQUIRIR

to acquire; to obtain; to get

Juan y José habían *adquirido* un automóvil nuevo.
John and Joe had acquired a new car.

Present	Preterite	Imperfect	Future	Conditional
venzo	vencí	vencía	venceré	vencería
vences	venciste	vencías	vencerás	vencerías
vence	venció	vencía	vencerá	vencería
vencemos	vencimos	vencíamos	venceremos	venceríamos
vencéis	vencisteis	vencíais	venceréis	venceríais
vencen	vencieron	vencían	vencerán	vencerían

Present Subjunctive	Imperfect Subjunctive	Imperative	Present Participle	Past Participle
venza	venciera	vence	venciendo	vencido
venzas	vencieras	venzas*		
venza	venciera	venced		
venzamos	venciéramos	venzáis*		
venzáis	vencierais	venza		
venzan	vencieran	venzan		

Present	Preterite	Imperfect	Future	Conditional
adquiero	adquirí	adquiría	adquiriré	adquiriría
adquieres	adquiriste	adquirías	adquirirás	adquirirías
adquiere	adquirió	adquiría	adquirirá	adquiriría
adquirimos	adquirimos	adquiríamos	adquiriremos	adquiriríamos
adquirís	adquiristeis	adquiríais	adquiriréis	adquiriríais
adquieren	adquirieron	adquirían	adquirirán	adquirirían

Present Subjunctive	Imperfect Subjunctive	Imperative	Present Participle	Past Participle
adquiera	adquiriera	adquiere	adquiriendo	adquirido
adquieras	adquirieras	adquieras*		
adquiera	adquiriera	adquirid		
adquiramos	adquiriéramos	adquiráis*		
adquiráis	adquirierais	adquiera		
adquieran	adquirieran	adquieran		

Hernán Cortez *venció* al ejército de los Aztecas.
Hernando Cortez defeated the army of the Aztecs.

to conquer; to vanquish; to overcome

VENCER

AFIRMAR

to affirm; to state; to ensure

El joven *afirmó* su decisión de ayudar a los pobres.
The young man affirmed his decision to help the poor.

Present	Preterite	Imperfect	Future	Conditional
varío	varié	variaba	variaré	variaría
varías	variaste	variabas	variarás	variarías
varía	varió	variaba	variará	variaría
variamos	variamos	variábamos	variaremos	variaríamos
variáis	variasteis	variabais	variaréis	variaríais
varían	variaron	variaban	variarán	variarían

Present Subjunctive	Imperfect Subjunctive	Imperative	Present Participle	Past Participle
varíe	variara	varía	variando	variado
varíes	variaras	varíes*		
varíe	variara	variad		
variemos	variáramos	variéis*		
variéis	variarais	varíe		
varíen	variaran	varíen		

Present	Preterite	Imperfect	Future	Conditional
afirmo	afirmé	afirmaba	afirmaré	afirmaría
afirmas	afirmaste	afirmabas	afirmarás	afirmarías
afirma	afirmó	afirmaba	afirmará	afirmaría
afirmamos	afirmamos	afirmábamos	afirmaremos	afirmaríamos
afirmáis	afirmasteis	afirmabais	afirmaréis	afirmaríais
afirman	afirmaron	afirmaban	afirmarán	afirmarían

Present Subjunctive	Imperfect Subjunctive	Imperative	Present Participle	Past Participle
afirme	afirmara	afirma	afirmando	afirmado
afirmes	afirmaras	afirmes*		
afirme	afirmara	afirmad		
afirmemos	afirmáramos	afirméis*		
afirméis	afirmarais	afirme		
afirmen	afirmaran	afirmen		

VARIAR

to vary; to change or alter

En el verano, la temperatura *varía* de 80 a 100 grados.

In the summer, the temperature varies from 80 to 100 degrees.

AGRADAR

to please; to be pleasing to

A mi madre le *agradan* las novelas románticas.
Romance novels please my mother.

Present	Preterite	Imperfect	Future	Conditional
vacío	vacié	vaciaba	vaciaré	vaciaría
vacías	vaciaste	vaciabas	vaciarás	vaciarías
vacía	vació	vaciaba	vaciará	vaciaría
vaciamos	vaciamos	vaciábamos	vaciaremos	vaciaríamos
vaciáis	vaciasteis	vaciabais	vaciaréis	vaciaríais
vacían	vaciaron	vaciaban	vaciarán	vaciarían

Present Subjunctive	Imperfect Subjunctive	Imperative	Present Participle	Past Participle
vacíe	vaciara	vacía	vaciando	vaciado
vacíes	vaciaras	vacíes*		
vacíe	vaciara	vaciad		
vaciemos	vaciáramos	vaciéis*		
vaciéis	vaciarais	vacíe		
vacíen	vaciaran	vacíen		

Present	Preterite	Imperfect	Future	Conditional
agrado	agradé	agradaba	agradaré	agradaría
agradas	agradaste	agradabas	agradarás	agradarías
agrada	agradó	agradaba	agradará	agradaría
agradamos	agradamos	agradábamos	agradaremos	agradaríamos
agradáis	agradasteis	agradabais	agradaréis	agradaríais
agradan	agradaron	agradaban	agradarán	agradarían

Present Subjunctive	Imperfect Subjunctive	Imperative	Present Participle	Past Participle
agrade	agradara	agrada	agradando	agradado
agrades	agradaras	agrades*		
agrade	agradara	agradad		
agrademos	agradáramos	agradéis*		
agradéis	agradarais	agrade		
agraden	agradaran	agraden		

VACIAR

to empty

Chicos, *vacíen* sus vasos antes de lavarlos.

Boys, empty your glasses before washing them.

AGUANTAR

to put up with; to stand; to bear

Yo no puedo *aguantar* estas condiciones.
I cannot put up with these conditions.

Present	Preterite	Imperfect	Future	Conditional
uso	usé	usaba	usaré	usaría
usas	usaste	usabas	usarás	usarías
usa	usó	usaba	usará	usaría
usamos	usamos	usábamos	usaremos	usaríamos
usáis	usasteis	usabais	usaréis	usaríais
usan	usaron	usaban	usarán	usarían

Present Subjunctive	Imperfect Subjunctive	Imperative	Present Participle	Past Participle
use	usara	usa	usando	usado
uses	usaras	uses*		
use	usara	usad		
usemos	usáramos	uséis*		
uséis	usarais	use		
usen	usaran	usen		

Present
aguanto
aguantas
aguanta
aguantamos
aguantáis
aguantan

Preterite
aguanté
aguantaste
aguantó
aguantamos
aguantasteis
aguantaron

Imperfect
aguantaba
aguantabas
aguantaba
aguantábamos
aguantabais
aguantaban

Future
aguantaré
aguantarás
aguantará
aguantaremos
aguanataréis
aguantarán

Conditional
aguantaría
aguantarías
aguantaría
aguantaríamos
aguantaríais
aguantarían

Present Subjunctive
aguante
aguantes
aguante
aguantemos
aguantéis
aguanten

Imperfect Subjunctive
aguantara
aguantaras
aguantara
aguantáramos
aguantarais
aguantaran

Imperative
aguanta
aguantes*
aguantad
aguantéis*
aguante
aguanten

Present Participle
aguantando

Past Participle
aguantado

USAR

to use; to wear an item of clothing [regularly]

Los hombres *usan* corbata en su trabajo.
Men wear ties at work.

AHORRAR

to save [money]; to save [in a computer]

Mi primo *ahorraba* su dinero cada semana.
My cousin saved his money every week.

Present	Preterite	Imperfect	Future	Conditional
uno	uní	unía	uniré	uniría
unes	uniste	unías	unirás	unirías
une	unió	unía	unirá	uniría
unimos	unimos	uníamos	uniremos	uniríamos
unís	unisteis	uníais	uniréis	uniríais
unen	unieron	unían	unirán	unirían

Present Subjunctive	Imperfect Subjunctive	Imperative	Present Participle	Past Participle
una	uniera	une	uniendo	unido
unas	unieras	unas*		
una	uniera	unid		
unamos	uniéramos	unáis*		
unáis	unierais	una		
unan	unieran	unan		

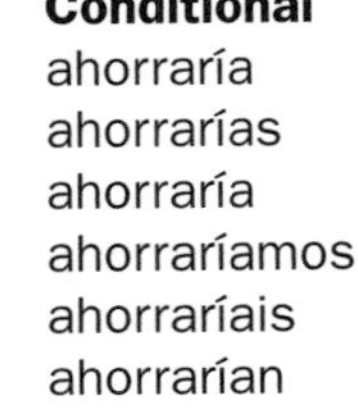

Present	Preterite	Imperfect	Future	Conditional
ahorro	ahorré	ahorraba	ahorraré	ahorraría
ahorras	ahorraste	ahorrabas	ahorrarás	ahorrarías
ahorra	ahorró	ahorraba	ahorrará	ahorraría
ahorramos	ahorramos	ahorrábamos	ahorraremos	ahorraríamos
ahorráis	ahorrasteis	ahorrabais	ahorraréis	ahorraríais
ahorran	ahorraron	ahorraban	ahorrarán	ahorrarían

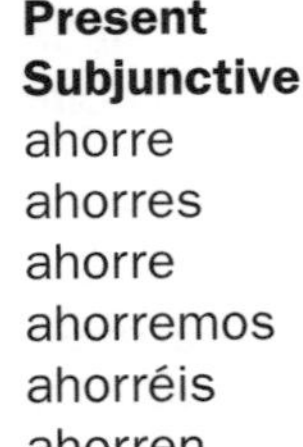

Present Subjunctive	Imperfect Subjunctive	Imperative	Present Participle	Past Participle
ahorre	ahorrara	ahorra	ahorrando	ahorrado
ahorres	ahorraras	ahorres*		
ahorre	ahorrara	ahorrad		
ahorremos	ahorráramos	ahorréis*		
ahorréis	ahorrarais	ahorre		
ahorren	ahorraran	ahorren		

UNIR(SE)

to unite; to combine; to join

Fernando e Isabel *unieron* sus reinos cuando se casaron.

Ferdinand and Isabella joined their kingdoms when they married.

Present	Preterite	Imperfect	Future	Conditional
ubico	ubiqué	ubicaba	ubicaré	ubicaría
ubicas	ubicaste	ubicabas	ubicarás	ubacarías
ubica	ubicó	ubicaba	ubicará	ubicaría
ubicamos	ubicamos	ubicábamos	ubicaremos	ubicaríamos
ubicáis	ubicasteis	ubicabais	ubicaréis	ubicaríais
ubican	ubicaron	ubicaban	ubicarán	ubicarían

Present Subjunctive	Imperfect Subjunctive	Imperative	Present Participle	Past Participle
ubique	ubicara	ubica	ubicando	ubicado
ubiques	ubicaras	ubiques*		
ubique	ubicara	ubicad		
ubiquemos	ubicáramos	ubiquéis*		
ubiquéis	ubicarais	ubique		
ubiquen	ubicaran	ubiquen		

ALABAR

to praise

Todos *alababan* la inteligencia del chico.
Everyone praised the boy's intelligence.

Present	Preterite	Imperfect	Future	Conditional
alabo	alabé	alababa	alabaré	alabaría
alabas	alabaste	alababas	alabarás	alabarías
alaba	alabó	alababa	alabará	alabaría
alabamos	alabamos	alabábamos	alabaremos	alabaríamos
alabáis	alabasteis	alababais	alabaréis	alabaríais
alaban	alabaron	alababan	alabarán	alabarían

Present Subjunctive	Imperfect Subjunctive	Imperative	Present Participle	Past Participle
alabe	alabara	alaba	alabando	alabado
alabes	alabaras	alabes*		
alabe	alabara	alabad		
alabemos	alabáramos	alabéis*		
alabéis	alabarais	alabe		
alaben	alabaran	alaben		

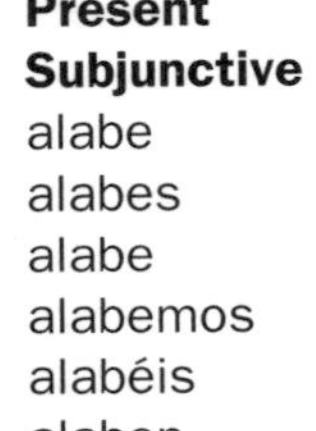

UBICAR

to place; to be located; to locate

La oficina del presidente está *ubicada* en este edificio.

The president's office is located in this building.

ALEJAR(SE)

to move away; to situate farther

Siempre nos *alejamos* del peligro.
We always move away from danger.

Present	Preterite	Imperfect	Future	Conditional
trato	traté	trataba	trataré	trataría
tratas	trataste	tratabas	tratarás	tratarías
trata	trató	trataba	tratará	trataría
tratamos	tratamos	tratábamos	trataremos	trataríamos
tratáis	tratasteis	tratabais	trataréis	trataríais
tratan	trataron	trataban	tratarán	tratarían

Present Subjunctive	Imperfect Subjunctive	Imperative	Present Participle	Past Participle
trate	tratara	trata	tratando	tratado
trates	trataras	trates*		
trate	tratara	tratad		
tratemos	tratáramos	tratéis*		
tratéis	tratarais	trate		
traten	trataran	traten		

Present	Preterite	Imperfect	Future	Conditional
alejo	alejé	alejaba	alejaré	alejaría
alejas	alejaste	alejabas	alejarás	alejarías
aleja	alejó	alejaba	alejará	alejaría
alejamos	alejamos	alejábamos	alejaremos	alejaríamos
alejáis	alejasteis	alejabais	alejaréis	alejaríais
alejan	alejaron	alejaban	alejarán	alejarían

Present Subjunctive	Imperfect Subjunctive	Imperative	Present Participle	Past Participle
aleje	alejara	aleja	alejando	alejado
alejes	alejaras	alejes*		
aleje	alejara	alejad		
alejemos	alejáramos	alejéis*		
alejéis	alejarais	aleje		
alejen	alejaran	alejen		

TRATAR

to try; to deal with; to attempt

La novela *trata* de las costumbres del sur durante la revolución.

The novel deals with the traditions of the South during the revolution.

ALIVIAR

to relieve; to lighten; to lessen; to soothe, to alleviate

La medicina *alivió* la condición del enfermo.
The medicine soothed the condition of the sick person.

Present	Preterite	Imperfect	Future	Conditional
traslado	trasladé	trasladaba	trasladaré	trasladaría
trasladas	trasladaste	trasladabas	trasladarás	trasladarías
traslada	trasladó	trasladaba	trasladará	trasladaría
trasladamos	trasladamos	trasladábamos	trasladaremos	trasladaríamos
trasladáis	trasladasteis	trasladabais	trasladaréis	trasladaríais
trasladan	trasladaron	trasladaban	trasladarán	trasladarían

Present Subjunctive	Imperfect Subjunctive	Imperative	Present Participle	Past Participle
traslade	trasladara	traslada	trasladando	trasladado
traslades	trasladaras	traslades*		
traslade	trasladara	trasladad		
traslademos	trasladáramos	trasladéis*		
trasladéis	trasladarais	traslade		
trasladen	trasladaran	trasladen		

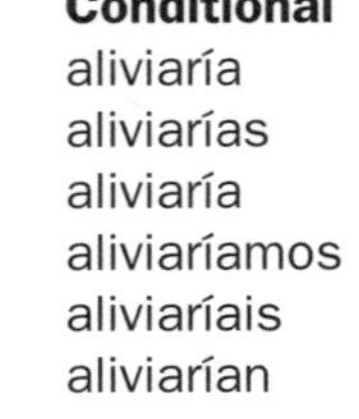

Present	Preterite	Imperfect	Future	Conditional
alivio	alivié	aliviaba	aliviaré	aliviaría
alivias	aliviaste	aliviabas	aliviarás	aliviarías
alivia	alivió	aliviaba	aliviará	aliviaría
aliviamos	aliviamos	aliviábamos	aliviaremos	aliviaríamos
aliviáis	aliviasteis	aliviabais	aliviaréis	aliviaríais
alivian	aliviaron	aliviaban	aliviarán	aliviarían

Present Subjunctive	Imperfect Subjunctive	Imperative	Present Participle	Past Participle
alivie	aliviara	alivia	aliviando	aliviado
alivies	aliviaras	alivies*		
alivie	aliviara	aliviad		
aliviemos	aliviáramos	aliviéis*		
aliviéis	aliviarais	alivie		
alivien	aliviaran	alivien		

The employee was transferred to the main office.

El empleado fue *trasladado* a la oficina principal.

to transfer; to move

TRASLADAR(SE)

Present	Preterite	Imperfect	Future	Conditional
trago	tragué	tragaba	tragaré	tragaría
tragas	tragaste	tragabas	tragarás	tragarías
traga	tragó	tragaba	tragará	tragaría
tragamos	tragamos	tragábamos	tragaremos	tragaríamos
tragáis	tragasteis	tragabais	tragaréis	tragaríais
tragan	tragaron	tragaban	tragarán	tragarían

Present Subjunctive	Imperfect Subjunctive	Imperative	Present Participle	Past Participle
trague	tragara	traga	tragando	tragado
tragues	tragaras	tragues*		
trague	tragara	tragad		
traguemos	tragáramos	traguéis*		
traguéis	tragarais	trague		
traguen	tragaran	traguen		

ALMORZAR

to eat lunch; to lunch

¿Qué *almorzaste* hoy?
What did you eat for lunch today?

Present	Preterite	Imperfect	Future	Conditional
almuerzo	almorcé	almorzaba	almorzaré	almorzaría
almuerzas	almorzaste	almorzabas	almorzarás	almorzarías
almuerza	almorzó	almorzaba	almorzará	almorzaría
almorzamos	almorzamos	almorzábamos	almorzaremos	almorzaríamos
almorzáis	almorzasteis	almorzabais	almorzaréis	almorzaríais
almuerzan	almorzaron	almorzaban	almorzarán	almorzarían

Present Subjunctive	Imperfect Subjunctive	Imperative	Present Participle	Past Participle
almuerce	almorzara	almuerza	almorzando	almorzado
almuerces	almorzaras	almuerces*		
almuerce	almorzara	almorzad		
almorcemos	almorzáramos	almorcéis*		
almorcéis	almorzarais	almuerce		
almuercen	almorzaran	almuercen		

TRAGAR(SE)

to swallow; to tolerate [to stand]

No puedo *tragar* su comportamiento en la clase.
I can't stand his behavior in class.

AMENAZAR

to threaten

El criminal *amenazó* a la policía.
The criminal threatened the police.

Present	Preterite	Imperfect	Future	Conditional
traigo	traje	traía	traeré	traería
traes	trajiste	traías	traerás	traerías
trae	trajo	traía	traerá	traería
traemos	trajimos	traíamos	traeremos	traeríamos
traéis	trajisteis	traíais	traeréis	traeríais
traen	trajeron	traían	traerán	traerían

Present Subjunctive	Imperfect Subjunctive	Imperative	Present Participle	Past Participle
traiga	trajera	trae	trayendo	traído
traigas	trajeras	traigas*		
traiga	trajera	traed		
traigamos	trajéramos	traigas*		
traigáis	trajerais	traiga		
traigan	trajeran	traigan		

Present	Preterite	Imperfect	Future	Conditional
amenazo	amenacé	amenazaba	amenazaré	amenazaría
amenazas	amenazaste	amenazabas	amenazarás	amenazarías
amenaza	amenazó	amenazaba	amenazará	amenazaría
amenazamos	amenazamos	amenazábamos	amenazaremos	amenazaríamos
amenazáis	amenazasteis	amenazabais	amenazaréis	amenazaríais
amenazan	amenazaron	amenazaban	amenazarán	amenazarían

Present Subjunctive	Imperfect Subjunctive	Imperative	Present Participle	Past Participle
amenace	amenazara	amenaza	amenazando	amenazado
amenaces	amenazaras	amenaces*		
amenace	amenazara	amenazad		
amenacemos	amenazáramos	amenacéis*		
amenacéis	amenazarais	amenace		
amenacen	amenazaran	amenacen		

TRAER

to bring; to wear clothing

La joven *trae* blusa blanca con pantalones negros.
The young lady is wearing a white blouse with black pants.

Present	Preterite	Imperfect	Future	Conditional
traduzco	traduje	traducía	traduciré	traduciría
traduces	tradujiste	traducías	traducirás	traducirías
traduce	tradujo	traducía	traducirá	traduciría
traducimos	tradujimos	traducíamos	traduciremos	traduciríamos
traducís	tradujisteis	traducíais	traduciréis	traduciríais
traducen	tradujeron	traducían	traducirán	traducirían

Present Subjunctive	Imperfect Subjunctive	Imperative	Present Participle	Past Participle
traduzca	tradujera	traduce	traduciendo	traducido
traduzcas	tradujeras	traduzcas*		
traduzca	tradujera	traducid		
traduzcamos	tradujéramos	traduzcáis*		
traduzcáis	tradujerais	traduzca		
traduzcan	tradujeran	traduzcan		

ANDAR

to walk

La clase *anduvo* al gimnasio por la mañana.
The class walked to the gymnasium in the morning.

Present	Preterite	Imperfect	Future	Conditional
ando	anduve	andaba	andaré	andaría
andas	anduviste	andabas	andarás	andarías
anda	anduvo	andaba	andará	andaría
andamos	anduvimos	andábamos	andaremos	andaríamos
andáis	anduvisteis	andabais	andaréis	andaríais
andan	anduvieron	andaban	andarán	andarían

Present Subjunctive	Imperfect Subjunctive	Imperative	Present Participle	Past Participle
ande	anduviera	anda	andando	andado
andes	anduvieras	andes*		
ande	anduviera	andad		
andemos	anduviéramos	andéis*		
andéis	anduvierais	ande		
anden	anduvieran	anden		

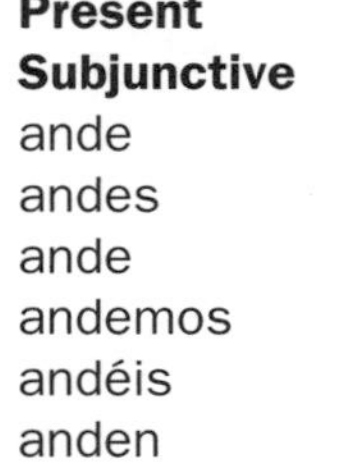

TRADUCIR

to translate; to convey

El manuscrito fue *traducido* por el profesor.
The manuscript was translated by the professor.

ANHELAR

to long for

Anhelo los años que han pasado.
I long for the years that have passed.

Present	Preterite	Imperfect	Future	Conditional
trabajo	trabajé	trabajaba	trabajaré	trabajaría
trabajas	trabajaste	trabajabas	trabajarás	trabajarías
trabaja	trabajó	trabajaba	trabajará	trabajaría
trabajamos	trabajamos	trabajábamos	trabajaremos	trabajaríamos
trabajáis	trabajasteis	trabajabais	trabajaréis	trabajaríais
trabajan	trabajaron	trabajaban	trabajarán	trabajarían

Present Subjunctive	Imperfect Subjunctive	Imperative	Present Participle	Past Participle
trabaje	trabajara	trabaja	trabajando	trabajado
trabajes	trabajaras	trabajes*		
trabaje	trabajara	trabajad		
trabajemos	trabajáramos	trabajéis*		
trabajéis	trabajarais	trabaje		
trabajen	trabajaran	trabajen		

Present	Preterite	Imperfect	Future	Conditional
anhelo	anhelé	anhelaba	anhelaré	anhelaría
anhelas	anhelaste	anhelabas	anhelarás	anhelarías
anhela	anheló	anhelaba	anhelará	anhelaría
anhelamos	anhelamos	anhelábamos	anhelaremos	anhelaríamos
anheláis	anhelasteis	anhelabais	anhelaréis	anhelaríais
anhelan	anhelaron	anhelaban	anhelarán	anhelarían

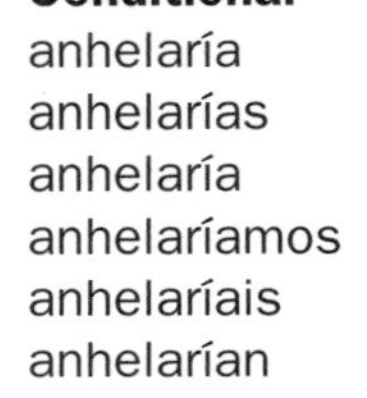

Present Subjunctive	Imperfect Subjunctive	Imperative	Present Participle	Past Participle
anhele	anhelara	anhela	anhelando	anhelado
anheles	anhelaras	anheles*		
anhele	anhelara	anhelad		
anhelemos	anheláramos	anheléis*		
anheléis	anhelarais	anhele		
anhelen	anhelaran	anhelen		

TRABAJAR

to work

Trabajamos cuarenta horas por semana.
We work 40 hours a week.

Present	Preterite	Imperfect	Future	Conditional
tomo	tomé	tomaba	tomaré	tomaría
tomas	tomaste	tomabas	tomarás	tomarías
toma	tomó	tomaba	tomará	tomaría
tomamos	tomamos	tomábamos	tomaremos	tomaríamos
tomáis	tomasteis	tomabais	tomaréis	tomaríais
toman	tomaron	tomaban	tomarán	tomarían

Present Subjunctive	Imperfect Subjunctive	Imperative	Present Participle	Past Participle
tome	tomara	toma	tomando	tomado
tomes	tomaras	tomes*		
tome	tomara	tomad		
tomemos	tomáramos	toméis*		
toméis	tomarais	tome		
tomen	tomaran	tomen		

APOYAR

to lean; to support; to uphold

Nosotros *apoyamos* los ideales de nuestra patria.
We support the ideals of our country.

Present	Preterite	Imperfect	Future	Conditional
apoyo	apoyé	apoyaba	apoyaré	apoyaría
apoyas	apoyaste	apoyabas	apoyarás	apoyarías
apoya	apoyó	apoyaba	apoyará	apoyaría
apoyamos	apoyamos	apoyábamos	apoyaremos	apoyaríamos
apoyáis	apoyasteis	apoyabais	apoyaréis	apoyaríais
apoyan	apoyaron	apoyaban	apoyarán	apoyarían

Present Subjunctive	Imperfect Subjunctive	Imperative	Present Participle	Past Participle
apoye	apoyara	apoya	apoyando	apoyado
apoyes	apoyaras	apoyes*		
apoye	apoyara	apoyad		
apoyemos	apoyáramos	apoyéis*		
apoyéis	apoyarais	apoye		
apoyen	apoyaran	apoyen		

TOMAR

to take; to consume [food, drink]

Para la merienda, *tomamos* café o chocolate caliente.

For the afternoon snack, we have (consume) coffee or hot chocolate.

Present	Preterite	Imperfect	Future	Conditional
toco	toqué	tocaba	tocaré	tocaría
tocas	tocaste	tocabas	tocarás	tocarías
toca	tocó	tocaba	tocará	tocaría
tocamos	tocamos	tocábamos	tocaremos	tocaríamos
tocáis	tocasteis	tocabais	tocaréis	tocaríais
tocan	tocaron	tocaban	tocarán	tocarían

Present Subjunctive	Imperfect Subjunctive	Imperative	Present Participle	Past Participle
toque	tocara	toca	tocando	tocado
toques	tocaras	toques*		
toque	tocara	tocad		
toquemos	tocáramos	toquéis*		
toquéis	tocarais	toque		
toquen	tocaran	toquen		

APRESURAR(SE)

to hurry; to hasten

Jamás *me apresuro* para terminar mi tarea.
I never hurry to finish my homework.

Present	**Preterite**	**Imperfect**	**Future**	**Conditional**
apresuro	apresuré	apresuraba	apresuraré	apresuraría
apresuras	apresuraste	apresurabas	apresurarás	apresurarías
apresura	apresuró	apresuraba	apresurará	apresuraría
apresuramos	apresuramos	apresurábamos	apresuraremos	apresuraríamos
apresuráis	apresurasteis	apresurabais	apresuraréis	apresuraríais
apresuran	apresuraron	apresuraban	apresurarán	apresurarían

Present Subjunctive	**Imperfect Subjunctive**	**Imperative**	**Present Participle**	**Past Participle**
apresure	apresurara	apresura	apresurando	apresurado
apresures	apresuraras	apresures*		
apresure	apresurara	apresurad		
apresuremos	apresuráram	apresuréis*		
apresuréis	apresurarais	apresure		
apresuren	apresuraran	apresuren		

TOCAR

to touch; to play [music, an instrument]; to be one's turn

A Juan le *toca* ir a la pizarra.
It's John's turn to go to the board.

Present	Preterite	Imperfect	Future	Conditional
tiro	tiré	tiraba	tiraré	tiraría
tiras	tiraste	tirabas	tirarás	tirarías
tira	tiró	tiraba	tirará	tiraría
tiramos	tiramos	tirábamos	tiraremos	tiraríamos
tiráis	tirasteis	tirabais	tiraréis	tiraríais
tiran	tiraron	tiraban	tirarán	tirarían

Present Subjunctive	Imperfect Subjunctive	Imperative	Present Participle	Past Participle
tire	tirara	tira	tirando	tirado
tires	tiraras	tires*		
tire	tirara	tirad		
tiremos	tiráramos	tiréis*		
tiréis	tirarais	tire		
tiren	tiraran	tiren		

APRETAR

to tighten; to squeeze; to hold tight

Aprieta los tornillos un poco más fuerte.
Tighten the screws a little stronger.

Present	Preterite	Imperfect	Future	Conditional
aprieto	apreté	apretaba	apretaré	apretaría
aprietas	apretaste	apretabas	apretarás	apretarías
aprieta	apretó	apretaba	apretará	apretaría
apretamos	apretamos	apretábamos	apretaremos	apretaríamos
apretáis	apretasteis	apretabais	apretaréis	apretaríais
aprietan	apretaron	apretaban	apretarán	apretarían

Present Subjunctive	Imperfect Subjunctive	Imperative	Present Participle	Past Participle
apriete	apretara	aprieta	apretando	apretado
aprietes	apretaras	aprietes*		
apriete	apretara	apretad		
apretemos	apretáramos	apretéis*		
apretéis	apretarais	apriete		
aprieten	apretaran	aprieten		

Don't throw trash on the floor.

No *tiren* basura en el piso.

to throw; to throw away; to pull

TIRAR

APROBAR

to approve [of]; to pass [a test]; to ratify

Mis compañeros de clase *aprobaron* todos sus exámenes.
My classmates passed all their exams.

Present	Preterite	Imperfect	Future	Conditional
termino	terminé	terminaba	terminaré	terminaría
terminas	terminaste	terminabas	terminarás	terminarías
termina	terminó	terminaba	terminará	terminaría
terminamos	terminamos	terminábamos	terminaremos	terminaríamos
termináis	terminasteis	terminabais	terminaréis	terminaríais
terminan	terminaron	terminaban	terminarán	terminarían

Present Subjunctive	Imperfect Subjunctive	Imperative	Present Participle	Past Participle
termine	terminara	termina	terminando	terminado
termines	terminaras	termines*		
termine	terminara	terminad		
terminemos	termináramos	terminéis*		
terminéis	terminarais	termine		
terminen	terminaran	terminen		

Present	Preterite	Imperfect	Future	Conditional
apruebo	aprobé	aprobaba	aprobaré	aprobaría
apruebas	aprobaste	aprobabas	aprobarás	aprobarías
aprueba	aprobó	aprobaba	aprobará	aprobaría
aprobamos	aprobamos	aprobábamos	aprobaremos	aprobaríamos
aprobáis	aprobasteis	aprobabais	aprobaréis	aprobaríais
aprueban	aprobaron	aprobaban	aprobarán	aprobarían

Present Subjunctive	Imperfect Subjunctive	Imperative	Present Participle	Past Participle
apruebe	aprobara		aprobando	aprobado
apruebes	aprobaras	aprueba		
apruebe	aprobara	apruebes*		
aprobemos	aprobáramos	aprobad		
aprobéis	aprobarais	aprobéis*		
aprueben	aprobaran	apruebe		
		aprueben		

¿Ya *terminaste* tus deberes en casa?
Did you already finish your chores at home?

to finish; to end

TERMINAR

APROVECHAR(SE)

to take advantage of; to avail oneself

¿Te *aprovechaste* de la prórroga que te dieron tus profesores?
Did you take advantage of the time extension your professors gave you?

Present	Preterite	Imperfect	Future	Conditional
tengo	tuve	tenía	tendré	tendría
tienes	tuviste	tenías	tendrás	tendrías
tiene	tuvo	tenía	tendrá	tendría
tenemos	tuvimos	teníamos	tendremos	tendríamos
tenéis	tuvisteis	teníais	tendréis	tendríais
tienen	tuvieron	tenían	tendrán	tendrían

Present Subjunctive	Imperfect Subjunctive	Imperative	Present Participle	Past Participle
tenga	tuviera	ten	teniendo	tenido
tengas	tuvieras	tengas*		
tenga	tuviera	tened		
tengamos	tuviéramos	tengáis*		
tengáis	tuvierais	tenga		
tengan	tuvieran	tengan		

Present	Preterite	Imperfect	Future	Conditional
aprovecho	aproveché	aprovechaba	aprovecharé	aprovecharía
aprovechas	aprovechaste	aprovechabas	aprovecharás	aprovecharías
aprovecha	aprovechó	aprovechaba	aprovechará	aprovecharía
aprovechamos	aprovechamos	aprovechábamos	aprovecharemos	aprovecharíamos
aprovecháis	aprovechasteis	aprovechabais	aprovecharéis	aprovecharías
aprovechan	aprovecharon	aprovechaban	aprovecharán	aprovecharían

Present Subjunctive	Imperfect Subjunctive	Imperative	Present Participle	Past Participle
aproveche	aprovechara	aprovecha	aprovechando	aprovechado
aproveches	aprovecharas	aproveches*		
aproveche	aprovechara	aprovechad		
aprovechemos	aprovecháramos	aprovechéis*		
aprovechéis	aprovecharais	aproveche		
aprovechen	aprovecharan	aprovechen		

TENER

to have; to hold; to be; to take

¿*Tienes* dinero para ir al parque zoológico?

Do you have money to go to the zoo?

ARDER

to burn; to blaze

La casa *ardía* mientras esperaban a los bomberos.
The house was burning while they awaited the firemen.

Present	Preterite	Imperfect	Future	Conditional
temo	temí	temía	temeré	temería
temes	temiste	temías	temerás	temerías
teme	temió	temía	temerá	temería
tememos	temimos	temíamos	temeremos	temeríamos
teméis	temisteis	temíais	temeréis	temeríais
temen	temieron	temían	temerán	temerían

Present Subjunctive	Imperfect Subjunctive	Imperative	Present Participle	Past Participle
tema	temiera	teme	temiendo	temido
temas	temieras	temas*		
tema	temiera	temed		
temamos	temiéramos	temáis*		
temáis	temierais	tema		
teman	temieran	teman		

Present	Preterite	Imperfect	Future	Conditional
ardo	ardí	ardía	arderé	ardería
ardes	ardiste	ardías	arderás	arderías
arde	ardió	ardía	arderá	ardería
ardemos	ardimos	ardíamos	arderemos	arderíamos
ardéis	ardisteis	ardíais	arderéis	arderíais
arden	ardieron	ardían	arderán	arderían

Present Subjunctive	Imperfect Subjunctive	Imperative	Present Participle	Past Participle
arda	ardiera	arde	ardiendo	ardido
ardas	ardieras	ardas*		
arda	ardiera	ardid		
ardamos	ardiéramos	ardáis*		
ardáis	ardierais	arda		
ardan	ardieran	ardan		

TEMER

to fear

Alicia y Adela *temen* que tengan que viajar por la noche.
Alicia and Adele fear that they will have to travel at night.

Present	Preterite	Imperfect	Future	Conditional
tiemblo	temblé	temblaba	temblaré	temblaría
tiemblas	temblaste	temblabas	temblarás	temblarías
tiembla	tembló	temblaba	temblará	temblaría
temblamos	temblamos	temblábamos	temblaremos	temblaríamos
tembláis	temblasteis	temblabais	temblaréis	temblaríais
tiemblan	temblaron	temblaban	temblarán	temblarían

Present Subjunctive	Imperfect Subjunctive	Imperative	Present Participle	Past Participle
tiemble	temblara	tiembla	temblando	temblado
tiembles	temblaras	tiembles*		
tiemble	temblara	temblad		
temblemos	tembláramos	tembléis*		
tembléis	temblarais	tiemble		
tiemblen	temblaran	tiemblen		

ARREGLAR

to fix; to arrange; to repair

El mecánico *arregla* el televisor que está roto.
The repairman fixes the broken television set.

Present	Preterite	Imperfect	Future	Conditional
arreglo	arreglé	arreglaba	arreglaré	arreglaría
arreglas	arreglaste	arreglabas	arreglarás	arreglarías
arregla	arregló	arreglaba	arreglará	arreglaría
arreglamos	arreglamos	arreglábamos	arreglaremos	arreglaríamos
arregláis	arreglasteis	arreglabais	arreglaréis	arreglaríais
arreglan	arreglaron	arreglaban	arreglarán	arreglarían

Present Subjunctive	Imperfect Subjunctive	Imperative	Present Participle	Past Participle
arregle	arreglara	arregla	arreglando	arreglado
arregles	arreglaras	arregles*		
arregle	arreglara	arreglad		
arreglemos	arregláramos	arregléis*		
rregléis	arreglarais	arregle		
arreglen	arreglaran	arreglen		

El viajero *temblaba* de frío.
The traveller shivered because of the cold.

to shiver; to shake; to tremble

TEMBLAR

ARROJAR

to throw

Carmen *arrojó* el libro en el basurero.
Carmen threw the book in the trash.

Present	Preterite	Imperfect	Future	Conditional
telefoneo	telefoneé	telefoneaba	telefonearé	telefonearía
telefoneas	telefoneaste	telefoneabas	telefonearás	telefonearías
telefonea	telefoneó	telefoneaba	telefoneará	telefonearía
telefoneamos	telefoneamos	telefoneábamos	telefonearemos	telefonearíamos
telefoneáis	telefoneasteis	telefoneabais	telefonearéis	telefonearíais
telefonean	telefonearon	telefoneaban	telefonearán	telefonearían

Present Subjunctive	Imperfect Subjunctive	Imperative	Present Participle	Past Participle
telefonee	telefoneara	telefonea	telefoneando	telefoneado
telefonees	telefonearas	telefonees*		
telefonee	telefoneara	telefonead		
telefoneemos	telefoneáramos	telefoneéis*		
telefoneéis	telefonearais	telefonee		
telefoneen	telefonearan	telefoneen		

Present	Preterite	Imperfect	Future	Conditional
arrojo	arrojé	arrojaba	arrojaré	arrojaría
arrojas	arrojaste	arrojabas	arrojarás	arrojarías
arroja	arrojó	arrojaba	arrojará	arrojaría
arrojamos	arrojamos	arrojábamos	arrojaremos	arrojaríamos
arrojáis	arrojasteis	arrojabais	arrojaréis	arrojaríais
arrojan	arrojaron	arrojaban	arrojarán	arrojarían

Present Subjunctive	Imperfect Subjunctive	Imperative	Present Participle	Past Participle
arroje	arrojara	arroja	arrojando	arrojado
arrojes	arrojaras	arrojes*		
arroje	arrojara	arrojad		
arrojemos	arrojáramos	arrojéis*		
arrojéis	arrojarais	arroje		
arrojen	arrojaran	arrojen		

TELEFONEAR

to telephone; to call on the phone

Dolores *telefonea* a Ana cuando tiene problemas.

Dolores telephones Anna when she has problems.

ASEGURAR

to insure, ensure; to assure; to guarantee

El dependiente me *aseguró* que la camisa me quedaba bien.
The clerk assured me that the shirt fit me well.

Present	Preterite	Imperfect	Future	Conditional
tardo	tardé	tardaba	tardaré	tardaría
tardas	tardaste	tardabas	tardarás	tardarías
tarda	tardó	tardaba	tardará	tardaría
tardamos	tardamos	tardábamos	tardaremos	tardaríamos
tardáis	tardasteis	tardabais	tardaréis	tardaríais
tardan	tardaron	tardaban	tardarán	tardarían

Present Subjunctive	Imperfect Subjunctive	Imperative	Present Participle	Past Participle
tarde	tardara	tarda	tardando	tardado
tardes	tardaras	tardes*		
tarde	tardara	tardad		
tardemos	tardáramos	tardéis*		
tardéis	tardarais	tarde		
tarden	tardaran	tarden		

Present	Preterite	Imperfect	Future	Conditional
aseguro	aseguré	aseguraba	aseguraré	aseguraría
aseguras	aseguraste	asegurabas	asegurarás	asegurarías
asegura	aseguró	aseguraba	asegurará	aseguraría
aseguramos	aseguramos	asegurábamos	aseguraremos	aseguraríamos
aseguráis	asegurasteis	asegurabais	aseguraréis	aseguraríais
aseguran	aseguraron	aseguraban	asegurarán	asegurarían

Present Subjunctive	Imperfect Subjunctive	Imperative	Present Participle	Past Participle
asegure	asegurara	asegura	asegurando	asegurado
asegures	aseguraras	asegures*		
asegure	asegurara	asegurad		
aseguremos	aseguráramos	aseguréis*		
aseguréis	asegurarais	asegure		
aseguren	aseguraran	aseguren		

TARDAR

to take [time]; to delay

No *tardaremos* en llegar al pueblo.
It will not take us long to get to town.

Present	Preterite	Imperfect	Future	Conditional
susurro	susurré	susurraba	susurraré	susurraría
susurras	susurraste	susurrabas	susurrarás	susurraríais
susurra	susurró	susurraba	susurrará	susurraría
susurramos	susurramos	susurrábamos	susurraremos	susurraríamos
susurráis	susurrasteis	susurrabais	susurraréis	susurraríais
susurran	susurraron	susurraban	susurrarán	susurraríán

Present Subjunctive	Imperfect Subjunctive	Imperative	Present Participle	Past Participle
susurre	susurrara	susurra	susurrando	susurrado
susurres	susurraras	susurres*		
susurre	susurrara	susurrad		
susurremos	susurráramos	susurréis*		
susurréis	susurrarais	susurre		
susurren	susurraran	susurren		

ASISTIR

to attend; to assist; to aid

Dolores y Lorenzo *asisten* al Colegio Newton.
Dolores and Lawrence attend Newton High School.

Present	Preterite	Imperfect	Future	Conditional
asisto	asistí	asistía	asistiré	asistiría
asistes	asististe	asistías	asistirás	asistirías
asiste	asistió	asistía	asistirá	asistiría
asistimos	asistimos	asistíamos	asistiremos	asistiríamos
asistís	asististeis	asistíais	asistiréis	asistiríais
asisten	asistieron	asistían	asistirán	asistirían

Present Subjunctive	Imperfect Subjunctive	Imperative	Present Participle	Past Participle
asista	asistiera		asistiendo	asistido
asistas	asistieras	asiste		
asista	asistiera	asistas*		
asistamos	asistiéramos	asistid		
asistáis	asistierais	asistáis*		
asistan	asistieran	asista		
		asistan		

SUSURRAR

to whisper; to murmur

Es preciso que *susurremos* en la iglesia.
It is necessary that we whisper in church.

Present	Preterite	Imperfect	Future	Conditional
surjo	surgí	surgía	surgiré	surgiría
surges	surgiste	surgías	surgirás	surgirías
surge	surgió	surgía	surgirá	surgiría
surgimos	surgimos	surgíamos	surgiremos	surgiríamos
surgís	surgisteis	surgíais	surgiréis	surgiríais
surgen	surgieron	surgían	surgirán	surgirían

Present Subjunctive	Imperfect Subjunctive	Imperative	Present Participle	Past Participle
surja	surgiera	surge	surgiendo	surgido
surjas	surgieras	surjas*		
surja	surgiera	surgid		
surjamos	surgiéramos	surjáis*		
surjáis	surgierais	surja		
surjan	surgieran	surjan		

ASUSTAR

to frighten

Los cazadores *asustan* a los animales en la selva.
The hunters scare the animals in the jungle.

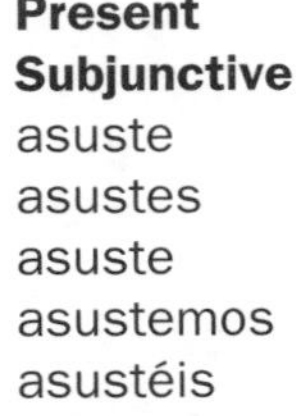

Present	Preterite	Imperfect	Future	Conditional
asusto	asusté	asustaba	asustaré	asustaría
asustas	asustaste	asustabas	asustarás	asustarías
asusta	asustó	asustaba	asustará	asustaría
asustamos	asustamos	asustábamos	asustaremos	asustaríamos
asustáis	asustasteis	asustabais	asustaréis	asustaríais
asustan	asustaron	asustaban	asustarán	asustarían

Present Subjunctive	Imperfect Subjunctive	Imperative	Present Participle	Past Participle
asuste	asustara	asusta	asustando	asustado
asustes	asustaras	asustes*		
asuste	asustara	asustad		
asustemos	asustáramos	asustéis*		
asustéis	asustarais	asuste		
asusten	asustaran	asusten		

SURGIR

to emerge; to arise; to spring up

De su boca, *surgió* una voz alarmante.

From his mouth, an alarming voice emerged.

Present	Preterite	Imperfect	Future	Conditional
suprimo	suprimí	suprimía	suprimiré	suprimiría
suprimes	suprimiste	suprimías	suprimirás	suprimirías
suprime	suprimió	suprimía	suprimirá	suprimiría
suprimimos	suprimimos	suprimíamos	suprimiremos	suprimiríamos
suprimís	suprimisteis	suprimíais	suprimiréis	suprimiríais
suprimen	suprimieron	suprimían	suprimirán	suprimirían

Present Subjunctive	Imperfect Subjunctive	Imperative	Present Participle	Past Participle
suprima	suprimiera	suprime	suprimiendo	suprimido
suprimas	suprimieras	suprimas*		
suprima	suprimiera	suprimid		
suprimamos	suprimiéramos	suprimáis*		
suprimáis	suprimierais	suprima		
supriman	suprimieran	supriman		

ATACAR

to attack

El ejercito *atacó* a sus enemigos en la batalla.
The army attacked its enemies in the battle.

Present	Preterite	Imperfect	Future	Conditional
ataco	ataqué	atacaba	atacaré	atacaría
atacas	atacaste	atacabas	atacarás	atacarías
ataca	atacó	atacaba	atacará	atacaría
atacamos	atacamos	atacábamos	atacaremos	atacaríamos
atacáis	atacasteis	atacabais	atacaréis	atacaríais
atacan	atacaron	atacaban	atacarán	atacarían

Present Subjunctive	Imperfect Subjunctive	Imperative	Present Participle	Past Participle
ataque	atacara	ataca	atacando	atacado
ataques	atacaras	ataques*		
ataque	atacaras	atacad		
ataquemos	atacáramos	ataquéis*		
ataquéis	atacarais	ataque		
ataquen	atacaran	ataquen		

SUPRIMIR

to suppress; to omit

El gobierno *suprimió* los derechos civiles durante la guerra.
The government supressed civil rights during the war.

Present	Preterite	Imperfect	Future	Conditional
supongo	supuse	suponía	supondré	supondría
supones	supusiste	suponías	supondrás	supondrías
supone	supuso	suponía	supondrá	supondría
suponemos	supusimos	suponíamos	supondremos	supondríamos
suponéis	supusisteis	suponíais	supondréis	supondríais
suponen	supusieron	suponían	supondrán	supondrían

Present Subjunctive	Imperfect Subjunctive	Imperative	Present Participle	Past Participle
suponga	supusiera	supón	suponiendo	supuesto
supongas	supusieras	supongas*		
suponga	supusiera	suponed		
supongamos	supusiéramos	supongáis*		
supongáis	supusierais	suponga		
supongan	supusieran	supongan		

ATAR

to tie

El niño *ató* el bote al muelle.
The boy tied the boat to the pier.

Present	Preterite	Imperfect	Future	Conditional
ato	até	ataba	ataré	ataría
atas	ataste	atabas	atarás	atarías
ata	ató	ataba	atará	ataría
atamos	atamos	atábamos	ataremos	ataríamos
atáis	atasteis	atabais	ataréis	ataríais
atan	ataron	ataban	atarán	atarían

Present Subjunctive	Imperfect Subjunctive	Imperative	Present Participle	Past Participle
ate	atara	ata	atando	atado
ates	ataras	ates*		
ate	atara	atad		
atemos	atáramos	atéis*		
atéis	atarais	ate		
aten	ataran	aten		

SUPONER

to suppose; to mean; to assume

Supongo que ella tiene dinero para el viaje.

I suppose that she has money for the trip.

ATRAER

to attract; to draw [figuratively]

El imán *atrae* los metales.
A magnet attracts metals.

Present	Preterite	Imperfect	Future	Conditional
sugiero	sugerí	sugería	sugeriré	sugeriría
sugieres	sugeriste	sugerías	sugerirás	sugerirías
sugiere	sugirió	sugería	sugerirá	sugeriría
sugerimos	sugerimos	sugeríamos	sugeriremos	sugeriríamos
sugerís	sugeristeis	sugeríais	sugeriréis	sugeriríais
sugieren	sugirieron	sugerían	sugerirán	sugerirían

Present Subjunctive	Imperfect Subjunctive	Imperative	Present Participle	Past Participle
sugiera	sugiriera	sugiere	sugiriendo	sugerido
sugieras	sugireras	sugieras*		
sugiera	sugirera	sugerid		
sugiramos	sugiriéramos	sugiráis*		
sugiráis	sugirierais	sugiera		
sugieran	sugirieran	sugieran		

Present	Preterite	Imperfect	Future	Conditional
atraigo	atraje	atraía	atraeré	atraería
atraes	atrajiste	atraías	atraerás	atraerías
atrae	atrajo	atraía	atraerá	atraería
atraemos	atrajimos	atraíamos	atraeremos	atraeríamos
atraéis	atrajisteis	atraíais	atraeréis	atraeríais
atraen	atrajeron	atraían	atraerán	atraerían

Present Subjunctive	Imperfect Subjunctive	Imperative	Present Participle	Past Participle
atraiga	atrajera	atrae	atrayendo	atraído
atraigas	atrajeras	atraigas*		
atraiga	atrajera	atraed		
atraigamos	atrajéramos	atraigáis*		
atraigáis	atrajerais	atraiga		
atraigan	atrajeran	atraigan		

SUGERIR

to suggest; to hint

Sugiero que Uds. presten atención.
I suggest that you pay attention.

Present	Preterite	Imperfect	Future	Conditional
sufro	sufrí	sufría	sufriré	sufriría
sufres	sufriste	sufrías	sufrirás	sufrirías
sufre	sufrió	sufría	sufrirá	sufriría
sufrimos	sufrimos	sufríamos	sufriremos	sufriríamos
sufrís	sufristeis	sufríais	sufriréis	sufriríais
sufren	sufrieron	sufrían	sufrirán	sufrirían

Present Subjunctive	Imperfect Subjunctive	Imperative	Present Participle	Past Participle
sufra	sufriera	sufre	sufriendo	sufrido
sufras	sufrieras	sufras*		
sufra	sufriera	sufrid		
suframos	sufriéramos	sufráis*		
sufráis	sufrierais	sufra		
sufran	sufrieran	sufran		

ATRAVESAR

to cross; lay across

El perro *atraviesa* la calle.
The dog crosses the street.

Present	Preterite	Imperfect	Future	Conditional
atravieso	atravesé	atravesaba	atravesaré	atrevesaría
atraviesas	atravesaste	atravesabas	atravesarás	atravesarías
atraviesa	atravesó	atravesaba	atravesará	atravesaría
atravesamos	atravesamos	atravesábamos	atravesaremos	atravesaríamos
atravesáis	atravesasteis	atravesabais	atravesaréis	atravesaríais
atraviesan	atravesaron	atravesaban	atravesarán	atravesarían

Present Subjunctive	Imperfect Subjunctive	Imperative	Present Participle	Past Participle
atraviese	atravesara	atraviesa	atravesando	atravesado
atravieses	atravesaras	atravieses*		
atraviese	atravesara	atravesad		
atravesemos	atravesáramos	atraveséis*		
atraveséis	atravesarais	atraviese		
atraviesen	atravesaran	atraviesen		

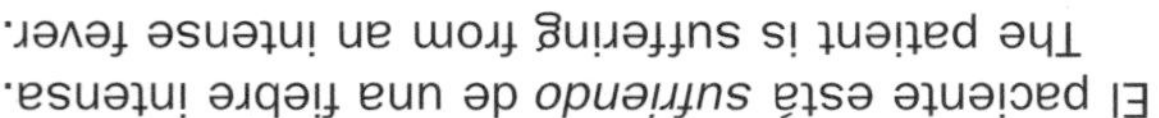

Present	Preterite	Imperfect	Future	Conditional
sucedo	sucedí	sucedía	sucederé	sucedería
sucedes	sucediste	sucedías	sucederás	sucederías
sucede	sucedió	sucedía	sucederá	sucedería
sucedemos	sucedimos	sucedíamos	sucederemos	sucederíamos
sucedéis	sucedisteis	sucedíais	sucederéis	sucederíais
suceden	sucedieron	sucedían	sucederán	sucederían

Present Subjunctive	Imperfect Subjunctive	Imperative	Present Participle	Past Participle
suceda	sucediera	sucede	sucediendo	sucedido
sucedas	sucedieras	sucedas*		
suceda	sucediera	suceded		
sucedamos	sucediéramos	sucedáis*		
sucedáis	sucedierais	suceda		
sucedan	sucedieran	sucedan		

ATREVER(SE)

to dare; to venture

Yo no me *atrevo* a cruzar las montañas en invierno.
I don't dare cross the mountains in the winter.

Present	Preterite	Imperfect	Future	Conditional
atrevo	atreví	atrevía	atreveré	atrevería
atreves	atreviste	atrevías	atreverás	atreverías
atreve	atrevió	atrevía	atreverá	atrevería
atrevemos	atrevimos	atrevíamos	atreveremos	atreveríamos
atrevéis	atrevisteis	atrevíais	atreveréis	atreveríais
atreven	atrevieron	atrevían	atreverán	atraverían

Present Subjunctive	Imperfect Subjunctive	Imperative	Present Participle	Past Participle
atreva	atreviera	atreve	atreviendo	atrevido
atrevas	atrevieras	atrevas*		
atreva	atreviera	atreved		
atrevamos	atreviéramos	atreváis*		
atreváis	atrevierais	atreva		
atrevan	atrevieran	atrevan		

SUCEDER

to happen, to occur; to succeed

No sabemos qué *sucedió* aquí.

We don't know what happened here.

Present	Preterite	Imperfect	Future	Conditional
subrayo	subrayé	subrayaba	subrayaré	subrayaría
subrayas	subrayaste	subrayabas	subrayarás	subrayarías
subraya	subrayó	subrayaba	subrayará	subrayaría
subrayamos	subrayamos	subrayábamos	subrayaremos	subrayaríamos
subrayáis	subrayasteis	subrayabais	subrayaréis	subrayaríais
subrayan	subrayaron	subrayaban	subrayarán	subrayarían

Present Subjunctive	Imperfect Subjunctive	Imperative	Present Participle	Past Participle
subraye	subrayara	subraya	subrayando	subrayado
subrayes	subrayaras	subrayes*		
subraye	subrayara	subrayad		
subrayemos	subrayáramos	subrayéis*		
subrayéis	subrayarais	subraye		
subrayen	subrayaran	subrayen		

AVERGONZAR(SE)

to embarrass; to shame; to be ashamed of

Ella *se avergüenza de* su pobreza.
She is ashamed of her poverty.

Present	Preterite	Imperfect	Future	Conditional
avergüenzo	avergoncé	avergonzaba	avergonzaré	avergonzaría
avergüenzas	avergonzaste	avergonzabas	avergonzarás	avergonzarías
avergüenza	avergonzó	avergonzaba	avergonzará	avergonzaría
avergonzamos	avergonzamos	avergonzábamos	avergonzaremos	avergonzaríamos
avergonsáis	avergonzaste	avergonzabais	avergonzaréis	avergonzaríais
avergüenzan	avergonzaron	avergonzaban	avergonzarán	avergonzarían

Present Subjunctive	Imperfect Subjunctive	Imperative	Present Participle	Past Participle
avergüence	avergonzara		avergonzando	avergonzado
avergüences	avergonzaras	avergüenza		
avergüence	avergonzara	avergüences*		
avergoncemos	avergonzáramos	avergonzad		
avergoncéis	avergonzarais	avergoncéis*		
avergüencen	avergonzara	avergüence		
		avergüencen		

SUBRAYAR

to underscore, to underline; to emphasize

Debes *subrayar* el título del libro.
You should underline the book's title.

AVERIGUAR

to check; to find out; to investigate; to ascertain; to inquire into

Hay que *averiguar* las causas del accidente.
We must investigate the causes of the accident.

Present	**Preterite**	**Imperfect**	**Future**	**Conditional**
sostengo	sostuve	sostenía	sostendré	sostendría
sostienes	sostuviste	sostenías	sostendrás	sostendrías
sostiene	sostuvo	sostenía	sostendrá	sostendría
sostenemos	sostuvimos	sosteníamos	sostendremos	sostendríamos
sostenéis	sostuvisteis	sosteníais	sostendréis	sostendríais
sostienen	sostuvieron	sostenían	sostendrán	sostendrían

Present Subjunctive	**Imperfect Subjunctive**	**Imperative**	**Present Participle**	**Past Participle**
sostenga	sostuviera	sostén	sosteniendo	sostenido
sostengas	sostuvieras	sostengas*		
sostenga	sostuviera	sostened		
sostengamos	sostuviéramos	sostengáis*		
sostengáis	sostuvierais	sostenga		
sostengan	sostuvieran	sostengan		

Present	Preterite	Imperfect	Future	Conditional
averiguo	averigüé	averiguaba	averiguaré	averiguaría
averiguas	averiguaste	averiguabas	averiguarás	averiguarías
averigua	averiguó	averiguaba	averiguará	averiguaría
averiguamos	averiguamos	averiguábamos	averiguaremos	averiguaríamos
averiguáis	averiguasteis	averiguabais	averiguaréis	averiguaríais
averiguan	averiguaron	averiguaban	averiguarán	averiguarían

Present Subjunctive	Imperfect Subjunctive	Imperative	Present Participle	Past Participle
averigüe	averiguara		averiguando	averiguado
averigües	averiguaras	averigua		
averigüe	averiguara	averigües*		
averigüemos	averiguáramos	averiguad		
averigüéis	averiguarais	averigüéis*		
averigüen	averiguaran	averigüe		
		averigüen		

SOSTENER

to support, to hold up; to sustain; to maintain

Siempre he *sostenido* la opinión de que los alumnos tienen razón en este caso.

I have always maintained that the students are right in this case.

Present	Preterite	Imperfect	Future	Conditional
sospecho	sospeché	sospechaba	sospecharé	sospecharía
sospechas	sospechaste	sospechabas	sospecharás	sospecharías
sospecha	sospechó	sospechaba	sospechará	sospecharía
sospechamos	sospechamos	sospechábamos	sospecharemos	sospecharíamos
sospecháis	sospechasteis	sospechabais	sospecharéis	sospecharíais
sospechan	sospecharon	sospechaban	sospecharán	sospecharían

Present Subjunctive	Imperfect Subjunctive	Imperative	Present Participle	Past Participle
sospeche	sospechara	sospecha	sospechando	sospechado
sospeches	sospecharas	sospeches*		
sospeche	sospechara	sospechad		
sospechemos	sospecháramos	sospechéis*		
sospechéis	sospecharais	sospeche		
sospechen	sospecharan	sospechen		

BAÑAR(SE)

to bathe; to bathe oneself

Cuando *bañes* al perro, usa mucho jabón.
When you bathe the dog, use a lot of soap.

Present	Preterite	Imperfect	Future	Conditional
baño	bañé	bañaba	bañaré	bañaría
bañas	bañaste	bañabas	bañarás	bañarías
baña	bañó	bañaba	bañará	bañaría
bañamos	bañamos	bañábamos	bañaremos	bañaríamos
bañáis	bañasteis	bañabais	bañaréis	bañaríais
bañan	bañaron	bañaban	bañarán	bañarían

Present Subjunctive	Imperfect Subjunctive	Imperative	Present Participle	Past Participle
bañe	bañara	baña	bañando	bañado
bañes	bañaras	bañes*		
bañe	bañara	bañad		
bañemos	bañáramos	bañéis*		
bañéis	bañarais	bañe		
bañen	bañaran	bañen		

SOSPECHAR

to suspect

Sospecho que ellos no tienen dinero.

I suspect that they don't have any money.

Present	Preterite	Imperfect	Future	Conditional
sorprendo	sorprendí	sorprendía	sorprenderé	sorprendería
sorprendes	sorprendiste	sorprendías	sorprenderás	sorprenderías
sorprende	sorprendió	sorprendía	sorprenderá	sorprendería
sorprendemos	sorprendimos	sorprendíamos	sorprenderemos	sorprenderíamos
sorprendéis	sorprendisteis	sorprendíais	sorprenderéis	sorprenderíais
sorprenden	sorprendieron	sorprendían	sorprenderán	sorprenderían

Present Subjunctive	Imperfect Subjunctive	Imperative	Present Participle	Past Participle
sorprenda	sorprendiera	sorprende	sorprendiendo	sorprendido
sorprendas	sorprendieras	sorprendas*		
sorprenda	sorprendiera	sorprended		
sorprendamos	sorprendiéramos	sorprendáis*		
sorprendáis	sorprendierais	sorprenda		
sorprendan	sorprendieran	sorprendan		

BENDECIR

to bless; to consecrate

El Papa *bendijo* a los peregrinos.
The Pope blessed the pilgrims.

Present	Preterite	Imperfect	Future	Conditional
bendigo	bendije	bendecía	bendeciré	bendeciría
bendices	bendijiste	bendecías	bendecirás	bendecirías
bendice	bendijo	bendecía	bendecirá	bendeciría
bendecimos	bendijimos	bendecíamos	bendeciremos	bendeciríamos
bendecís	bendijisteis	bendecíais	bendeciréis	bendeciríais
bendicen	bendijeron	bendecían	bendecirán	bendecirían

Present Subjunctive	Imperfect Subjunctive	Imperative	Present Participle	Past Participle
bendiga	bendijera	bendice	bendiciendo	bendecido
bendigas	bendijeras	bendigas*		
bendiga	bendijera	bendecid		
bendigamos	bendijéramos	bendigáis*		
bendigáis	bendijerais	bendiga		
bendigan	bendijeran	bendigan		

SORPRENDER(SE)

to surprise, to be surprised

Elena *se sorprendió* al ver a sus padres en la fiesta.
Elena was surprised to see her parents at the party.

Present	Preterite	Imperfect	Future	Conditional
sonrío	sonreí	sonreía	sonreiré	sonreiría
sonríes	sonreíste	sonreías	sonreirás	sonreirías
sonríe	sonrió	sonreía	sonreirá	sonreiría
sonreímos	sonreímos	sonreíamos	sonreiremos	sonreiríamos
sonreís	sonreísteis	sonreíais	sonreiréis	sonreiríais
sonríen	sonrieron	sonreían	sonreirán	sonreirían

Present Subjunctive	Imperfect Subjunctive	Imperative	Present Participle	Past Participle
sonría	sonriera	sonríe	sonriendo	sonreído
sonrías	sonrieras	sonrías*		
sonría	sonriera	sonreíd		
sonriamos	sonriéramos	sonriáis*		
sonriáis	sonrierais	sonría		
sonrían	sonrieran	sonrían		

BORRAR

to erase

Los estudiantes *borraron* la pizarra.
The students erased the blackboard.

Present	Preterite	Imperfect	Future	Conditional
borro	borré	borraba	borraré	borraría
borras	borraste	borrabas	borrarás	borrarías
borra	borró	borraba	borrará	borraría
borramos	borramos	borrábamos	borraremos	borraríamos
borráis	borrasteis	borrabais	borraréis	borraríais
borran	borraron	borraban	borrarán	borrarían

Present Subjunctive	Imperfect Subjunctive	Imperative	Present Participle	Past Participle
borre	borrara	borra	borrando	borrado
borres	borraras	borres*		
borre	borrara	borrad		
borremos	borráramos	borréis*		
borréis	borrarais	borre		
borren	borraran	borren		

SONREÍR(SE)

to smile

Los niños *sonrieron* cuando vieron a sus padres.
The children smiled when they saw their parents.

BRILLAR

to shine; to sparkle; to glitter

Las estrellas *brillan* en el cielo.
The stars shine in the sky.

Present	Preterite	Imperfect	Future	Conditional
sueño	soñé	soñaba	soñaré	soñaría
sueñas	soñaste	soñabas	soñarás	soñarías
sueña	soñó	soñaba	soñará	soñaría
soñamos	soñamos	soñábamos	soñaremos	soñaríamos
soñáis	soñasteis	soñabais	soñaréis	soñaríais
sueñan	soñaron	soñaban	soñarán	soñarían

Present Subjunctive	Imperfect Subjunctive	Imperative	Present Participle	Past Participle
sueñe	soñara	sueña	soñando	soñado
sueñes	soñaras	sueñes*		
sueñe	soñara	soñad		
soñemos	soñáramos	soñéis*		
soñéis	soñarais	sueñe		
sueñen	soñaran	sueñen		

Present	Preterite	Imperfect	Future	Conditional
brillo	brillé	brillaba	brillaré	brillaría
brillas	brillaste	brillabas	brillarás	brillarías
brilla	brilló	brillaba	brillará	brillaría
brillamos	brillamos	brillábamos	brillaremos	brillaríamos
brilláis	brillasteis	brillabais	brillaréis	brillaríais
brillan	brillaron	brillaban	brillarán	brillarían

Present Subjunctive	Imperfect Subjunctive	Imperative	Present Participle	Past Participle
brille	brillara	brilla	brillando	brillado
brilles	brillaras	brilles*		
brille	brillara	brillad		
brillemos	brilláramos	brilléis*		
brilléis	brillarais	brille		
brillen	brillaran	brillen		

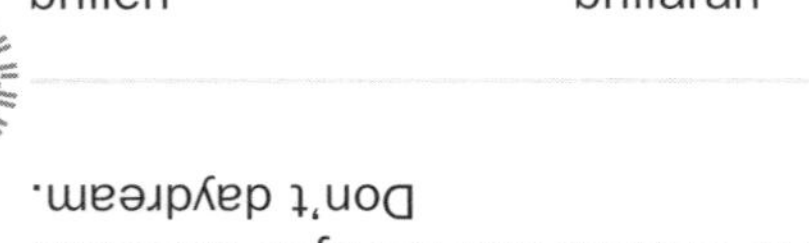

SOÑAR

to dream

No *sueñes* con los ojos abiertos.
Don't daydream.

Present	Preterite	Imperfect	Future	Conditional
sueno	soné	sonaba	sonaré	sonaría
suenas	sonaste	sonabas	sonarás	sonarías
suena	sonó	sonaba	sonará	sonaría
sonamos	sonamos	sonábamos	sonaremos	sonaríamos
sonáis	sonasteis	sonabais	sonaréis	sonaríais
suenan	sonaron	sonaban	sonarán	sonarían

Present Subjunctive	Imperfect Subjunctive	Imperative	Present Participle	Past Participle
suene	sonara	suena	sonando	sonado
suenes	sonaras	suenes*		
suene	sonara	sonad		
sonemos	sonáramos	sonéis*		
sonéis	sonarais	suene		
suenen	sonaran	suenen		

BURLAR(SE)

to make fun of; to ridicule

El payaso *se burla* del mono.
The clown makes fun of the monkey.

Present	Preterite	Imperfect	Future	Conditional
burlo	burlé	burlaba	burlaré	burlaría
burlas	burlaste	burlabas	burlarás	burlarías
burla	burló	burlaba	burlará	burlaría
burlamos	burlamos	burlábamos	burlaremos	burlaríamos
burláis	burlasteis	burlabais	burlaréis	burlaríais
burlan	burlaron	burlaban	burlarán	burlarían

Present Subjunctive	Imperfect Subjunctive	Imperative	Present Participle	Past Participle
burle	burlara	burla	burlando	burlado
burles	burlaras	burles*		
burle	burlara	burlad		
burlemos	burláramos	burléis*		
burléis	burlarais	burle		
burlen	burlaran	burlen		

SONAR

to ring [a bell]; to sound; to blow [a nose]

Al momento que *suena* la campana, los alumnos se levantan de sus asientos.

The moment the bell rings, the students get up from their seats.

Present	Preterite	Imperfect	Future	Conditional
suelto	solté	soltaba	soltaré	soltaría
sueltas	soltaste	soltabas	soltarás	soltarías
suelta	soltó	soltaba	soltará	soltaría
soltamos	soltamos	soltábamos	soltaremos	soltaríamos
soltáis	soltasteis	soltabais	soltaréis	soltaríais
sueltan	soltaron	soltaban	soltarán	soltarían

Present Subjunctive	Imperfect Subjunctive	Imperative	Present Participle	Past Participle
suelte	soltara	suelta	soltando	soltado
sueltes	soltraras	sueltes*		
suelte	soltara	soltad		
soltemos	soltáramos	soltéis*		
soltéis	soltarais	suelte		
suelten	soltaran	suelten		

BUSCAR

to look for; to seek

¿*Buscas* tu libro?
Are you looking for your book?

Present	Preterite	Imperfect	Future	Conditional
busco	busqué	buscaba	buscaré	buscaría
buscas	buscaste	buscabas	buscarás	buscarías
busca	buscó	buscaba	buscará	buscaría
buscamos	buscamos	buscábamos	buscaremos	buscaríamos
buscáis	buscasteis	buscabais	buscaréis	buscaríais
buscan	buscaron	buscaban	buscarán	buscarían

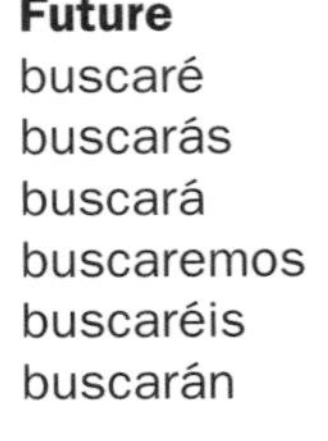

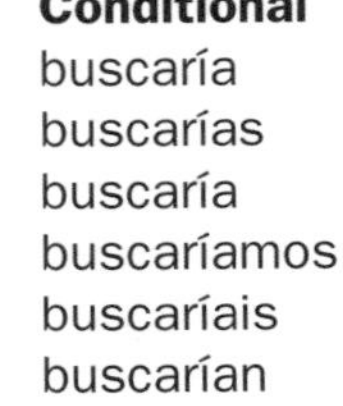

Present Subjunctive	Imperfect Subjunctive	Imperative	Present Participle	Past Participle
busque	buscara	busca	buscando	buscado
busques	buscaras	busques*		
busque	buscara	buscad		
busquemos	buscáramos	busquéis*		
busquéis	buscarais	busque		
busquen	buscaran	busquen		

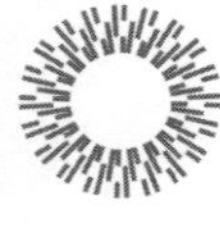

SOLTAR

to untie, to loosen; to release, to let go

Solté las riendas del caballo.
I released the horse's reins.

Present	Preterite	Imperfect	Future	Conditional
sirvo	serví	servía	serviré	serviría
sirves	serviste	servías	servirás	servirías
sirve	sirvió	servía	servirá	serviría
servimos	servimos	servíamos	serviremos	serviríamos
servís	servisteis	servíais	serviréis	serviríais
sirven	sirvieron	servían	servirán	servirían

Present Subjunctive	Imperfect Subjunctive	Imperative	Present Participle	Past Participle
sirva	sirviera		sirviendo	servido
sirvas	sirvieras	sirve		
sirva	sirviera	sirvas*		
sirvamos	sirviéramos	servid		
sirváis	sirvierais	sirváis*		
sirvan	sirvieran	sirva		
		sirvan		

CABER
to fit into

La familia *cabe* en los asientos reservados.
The family fits in the reserved seats.

Present	Preterite	Imperfect	Future	Conditional
quepo	cupe	cabía	cabré	cabría
cabes	cupiste	cabías	cabrás	cabrías
cabe	cupo	cabía	cabrá	cabría
cabemos	cupimos	cabíamos	cabremos	cabríamos
cabéis	cupisteis	cabíais	cabréis	cabríais
caben	cupieron	cabían	cabrán	cabrían

Present Subjunctive	Imperfect Subjunctive	Imperative	Present Participle	Past Participle
quepa	cupiera		cabiendo	cabido
quepas	cupieras	cabe		
quepa	cupiera	quepas*		
quepamos	cupiéramos	cabed		
quepáis	cupierais	quepáis*		
quepan	cupieran	quepa		
		quepan		

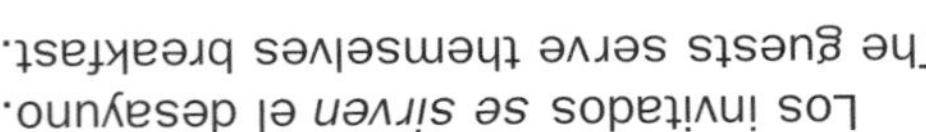

The guests serve themselves breakfast.
Los invitados *se sirven* el desayuno.

CAER(SE)

to fall; to fall down

Las hojas se *caen* de los árboles.
The leaves fall from the trees.

Present	Preterite	Imperfect	Future	Conditional
soy	fui	era	seré	sería
eres	fuiste	eras	serás	serías
es	fue	era	será	sería
somos	fuimos	éramos	seremos	seríamos
sois	fuisteis	erais	seréis	seríais
son	fueron	eran	serán	serían

Present Subjunctive	Imperfect Subjunctive	Imperative	Present Participle	Past Participle
sea	fuera	sé	siendo	sido
seas	fueras	seas*		
sea	fuera	sed		
seamos	fuéramos	seáis*		
seáis	fuerais	sea		
sean	fueran	sean		

Present	**Preterite**	**Imperfect**	**Future**	**Conditional**
caigo	caí	caía	caeré	caería
caes	caíste	caías	caerás	caerías
cae	cayó	caía	caerá	caería
caemos	caímos	caíamos	caeremos	caeríamos
caéis	caísteis	caíais	caeréis	caeríais
caen	cayeron	caían	caerán	caerían

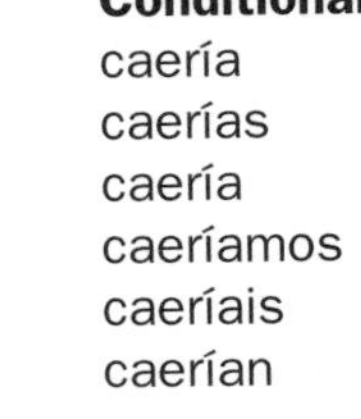

Present Subjunctive	**Imperfect Subjunctive**	**Imperative**	**Present Participle**	**Past Participle**
caiga	cayera	cae	cayendo	caído
caigas	cayeras	caigas*		
caiga	cayera	caed		
caigamos	cayéramos	caigáis*		
caigáis	cayerais	caiga		
caigan	cayeran	caigan		

SER

to be

¿Cuál es la fecha?
What is the date?

CALENTAR

to heat [up]; to warm [up]

El padre *calienta* el agua para el café.
The father heats the water for the coffee.

Present	Preterite	Imperfect	Future	Conditional
separo	separé	separaba	separaré	separaría
separas	separaste	separabas	separarás	separarías
separa	separó	separaba	separará	separaría
separamos	separamos	separábamos	separaremos	separaríamos
separáis	separasteis	separabais	separaréis	separaríais
separan	separaron	separaban	separarán	separarían

Present Subjunctive	Imperfect Subjunctive	Imperative	Present Participle	Past Participle
separe	separara	separa	separando	separado
separes	separaras	separes*		
separe	separara	separad		
separemos	separáramos	separéis*		
separéis	separarais	separe		
separen	separaran	separen		

Present	Preterite	Imperfect	Future	Conditional
caliento	calenté	calentaba	calentaré	calentaría
calientas	calentaste	calentabas	calentarás	calentarías
calienta	calentó	calentaba	calentará	calentaría
calentamos	calentamos	calentábamos	calentaremos	calentaríamos
calentáis	calentasteis	calentabais	calentaréis	calentaríais
calientan	calentaron	calentaban	calentarán	calentarían

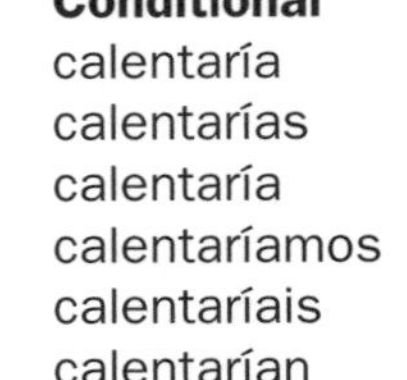

Present Subjunctive	Imperfect Subjunctive	Imperative	Present Participle	Past Participle
caliente	calentara	calienta	calentando	calentado
calientes	calentaras	calientes*		
caliente	calentara	calentad		
calentemos	calentáramos	calentéis*		
calentéis	calentarais	caliente		
calienten	calentaran	calienten		

SEPARAR(SE)

to separate; to divide

Una pared *separaba* las dos casas.
A wall separated the two houses.

CALLAR(SE)

to silence; to be quiet

Es necesario que los chicos *se callen* para escuchar al profesor.
It is necessary that the students be silent in order to listen to the teacher.

Present	Preterite	Imperfect	Future	Conditional
siento	sentí	sentía	sentiré	sentiría
sientes	sentiste	sentías	sentirás	sentirías
siente	sintió	sentía	sentirá	sentiría
sentimos	sentimos	sentíamos	sentiremos	sentiríamos
sentís	sentisteis	sentíais	sentiréis	sentiríais
sienten	sintieron	sentían	sentirán	sentirían

Present Subjunctive	Imperfect Subjunctive	Imperative	Present Participle	Past Participle
sienta	sintiera	siente	sintiendo	sentido
sientas	sintieras	sientas*		
sienta	sintiera	sentid		
sintamos	sintiéramos	sintáis*		
sintáis	sintierais	sienta		
sientan	sintieran	sientan		

Present	Preterite	Imperfect	Future	Conditional
callo	callé	callaba	callaré	callaría
callas	callaste	callabas	callarás	callarías
calla	calló	callaba	callará	callaría
callamos	callamos	callábamos	callaremos	callaríamos
calláis	callasteis	callabais	callaréis	callaríais
callan	callaron	callaban	callarán	callarían

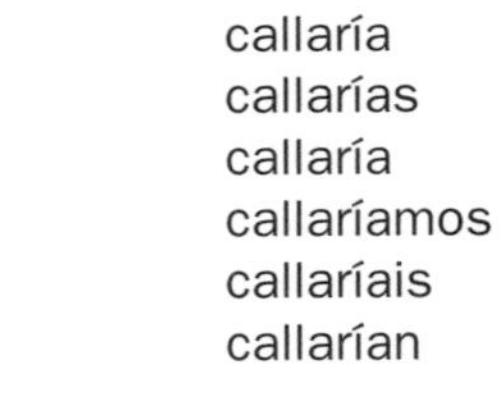

Present Subjunctive	Imperfect Subjunctive	Imperative	Present Participle	Past Participle
calle	callara	calla	callando	callado
calles	callaras	calles*		
calle	callara	callad		
callemos	calláramos	calléis*		
calléis	callarais	calle		
callen	callaran	callen		

I regret not being able to help you.

Siento no poder ayudarte.

to feel; to regret

SENTIR(SE)

CAMBIAR

to change

Tu amiga ha *cambiado* mucho en los últimos años.
Your friend has changed much in the last years.

Present	Preterite	Imperfect	Future	Conditional
siento	senté	sentaba	sentaré	sentaría
sientas	sentaste	sentabas	sentarás	sentarías
sienta	sentó	sentaba	sentará	sentaría
sentamos	sentamos	sentábamos	sentaremos	sentaríamos
sentáis	sentasteis	sentabais	sentaréis	sentaríais
sientan	sentaron	sentaban	sentarán	sentarían

Present Subjunctive	Imperfect Subjunctive	Imperative	Present Participle	Past Participle
siente	sentara	sienta	sentando	sentado
sientes	sentaras	sientes*		
siente	sentara	sentad		
sentemos	sentáramos	sentéis*		
sentéis	sentarais	siente		
sienten	sentaran	sienten		

Present	Preterite	Imperfect	Future	Conditional
cambio	cambié	cambiaba	cambiaré	cambiaría
cambias	cambiaste	cambiabas	cambiarás	cambiarías
cambia	cambió	cambiaba	cambiará	cambiaría
cambiamos	cambiamos	cambiábamos	cambiaremos	cambiaríamos
cambiáis	cambiasteis	cambiabais	cambiaréis	cambiaríais
cambian	cambiaron	cambiaban	cambiarán	cambiarían

Present Subjunctive	Imperfect Subjunctive	Imperative	Present Participle	Past Participle
cambie	cambiara	cambia	cambiando	cambiado
cambies	cambiaras	cambies*		
cambie	cambiara	cambiad		
cambiemos	cambiáramos	cambiéis*		
cambiéis	cambiarais	cambie		
cambien	cambiaran	cambien		

SENTAR(SE)

to sit; to seat (oneself)

El público *se sienta* en sillas incómodas.
The audience sits in uncomfortable chairs.

CANCELAR

to cancel

El director ha *cancelado* las clases a causa del mal tiempo.
The principal cancelled classes due to bad weather.

Present	Preterite	Imperfect	Future	Conditional
señalo	señalé	señalaba	señalaré	señalaría
señalas	señalasteis	señalabas	señalarás	señalarías
señala	señaló	señalaba	señalará	señalaría
señalamos	señalamos	señalábamos	señalaremos	señalaríamos
señaláis	señalasteis	señalabais	señalaréis	señalaríais
señalan	señalaron	señalaban	señalarán	señalarían

Present Subjunctive	Imperfect Subjunctive	Imperative	Present Participle	Past Participle
señale	señalara	señala	señalando	señalado
señales	señalaras	señales*		
señale	señalara	señalad		
señalemos	señaláramos	señaléis*		
señaléis	señalarais	señale		
señalen	señalaran	señalen		

Present	Preterite	Imperfect	Future	Conditional
cancelo	cancelé	cancelaba	cancelaré	cancelaría
cancelas	cancelaste	cancelabas	cancelarás	cancelarías
cancela	canceló	cancelaba	cancelará	cancelaría
cancelamos	cancelamos	cancelábamos	cancelaremos	cancelaríamos
canceláis	cancelasteis	cancelabais	cancelaréis	cancelaríais
cancelan	cancelaron	cancelaban	cancelarán	cancelarían

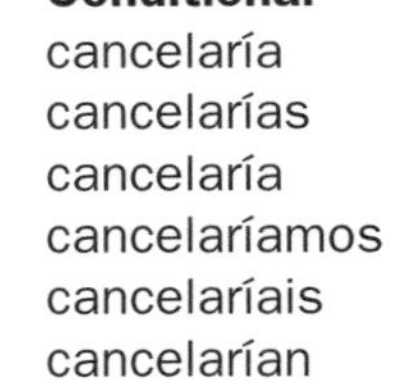

Present Subjunctive	Imperfect Subjunctive	Imperative	Present Participle	Past Participle
cancele	cancelara	cancela	cancelando	cancelado
canceles	cancelaras	canceles*		
cancele	cancelara	cancelad		
cancelemos	canceláramos	canceléis*		
canceléis	cancelarais	cancele		
cancelen	cancelaran	cancelen		

SEÑALAR

to mark; to signal; to show; to point to

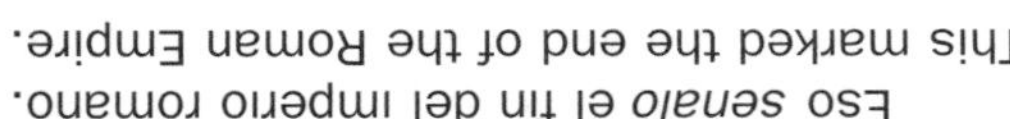

Eso *señaló* el fin del imperio romano.

This marked the end of the Roman Empire.

Present	Preterite	Imperfect	Future	Conditional
sigo	seguí	seguía	seguiré	seguiría
sigues	seguiste	seguías	seguirás	seguirías
sigue	siguió	seguía	seguirá	seguiría
seguimos	seguimos	seguíamos	seguiremos	seguiríamos
seguís	seguisteis	seguíais	seguiréis	seguiríais
siguen	siguieron	seguían	seguirán	seguirían

Present Subjunctive	Imperfect Subjunctive	Imperative	Present Participle	Past Participle
siga	siguiera	sigue	siguiendo	seguido
sigas	siguieras	sigas*		
siga	siguiera	seguid		
sigamos	siguiéramos	sigáis*		
sigáis	siguierais	siga		
sigan	siguieran	sigan		

CANSAR(SE)

to tire; to get tired

Yo no *me canso* de oír música popular.
I do not get tired of listening to popular music.

Present	Preterite	Imperfect	Future	Conditional
canso	cansé	cansaba	cansaré	cansaría
cansas	cansaste	cansabas	cansarás	cansarías
cansa	cansó	cansaba	cansará	cansaría
cansamos	cansamos	cansábamos	cansaremos	cansaríamos
cansáis	cansasteis	cansabais	cansaréis	cansaríais
cansan	cansaron	cansaban	cansarán	cansarían

Present Subjunctive	Imperfect Subjunctive	Imperative	Present Participle	Past Participle
canse	cansara	cansa	cansando	cansado
canses	cansaras	canses*		
canse	cansara	cansad		
cansemos	cansáramos	canséis*		
canséis	cansarais	canse		
cansen	cansaran	cansen		

SEGUIR

to continue; to follow; to keep on

Uds. *siguen* estudiando para el examen.
You continue studying for the exam.

CAPTAR

to capture; to grasp, to understand; to win goodwill

La novela *capta* el ambiente del siglo pasado.
The novel captures the ambience of the past century.

Present	**Preterite**	**Imperfect**	**Future**	**Conditional**
seco	sequé	secaba	secaré	secaría
secas	secaste	secabas	secarás	secarías
seca	secó	secaba	secará	secaría
secamos	secamos	secábamos	secaremos	secaríamos
secáis	secasteis	secabais	secaréis	secaríais
secan	secaron	secaban	secarán	secarían

Present Subjunctive	**Imperfect Subjunctive**	**Imperative**	**Present Participle**	**Past Participle**
seque	secara	seca	secando	secado
seques	secaras	seques*		
seque	secara	secad		
sequemos	secáramos	sequéis*		
sequéis	secarais	seque		
sequen	secaran	sequen		

Present	Preterite	Imperfect	Future	Conditional
capto	capté	captaba	captaré	captaría
captas	captaste	captabas	captarás	captarías
capta	captó	captaba	captará	captaría
captamos	captamos	captábamos	captaremos	captaríamos
captáis	captasteis	captabais	captaréis	captaríais
captan	captaron	captaban	captarán	captarían

Present Subjunctive	Imperfect Subjunctive	Imperative	Present Participle	Past Participle
capte	captara	capta	captando	captado
captes	captaras	captes*		
capte	captara	captad		
captemos	captáramos	captéis*		
captéis	captarais	capte		
capten	captaran	capten		

SECAR(SE)

to dry (oneself)

Secamos la ropa al sol.
We dry the clothes in the sun.

Present	Preterite	Imperfect	Future	Conditional
satisfago	satisfice	satisfacía	satisfaré	satisfaría
satisfaces	sastisficiste	satisfacías	satisfarás	satisfarías
satisface	satisfizo	satisfacía	satisfará	satisfaría
satisfacemos	satisficimos	satisfacíamos	satisfaremos	satisfaríamos
satisfacéis	satisficisteis	satisfacíais	satisfaréis	satisfaríais
satisfacen	satisficieron	satisfacían	satisfarán	satisfarían

Present Subjunctive	Imperfect Subjunctive	Imperative	Present Participle	Past Participle
satisfaga	satisficiera	satisface	satisfaciendo	satisfecho
satisfagas	satisficieras	satisfagas*		
satisfaga	satisficiera	satisfaced		
satisfagamos	satisficiéramos	satisfagáis*		
satisfagáis	satisficierais	satisfaga		
satisfagan	satisficieran	satisfagan		

CASAR(SE)

to marry, to get married

La pareja *se casó* en noviembre.
The couple got married in November.

Present	Preterite	Imperfect	Future	Conditional
caso	casé	casaba	casaré	casaría
casas	casaste	casabas	casarás	casarías
casa	casó	casaba	casará	casaría
casamos	casamos	casábamos	casaremos	casaríamos
casáis	casasteis	casabais	casaréis	casaríais
casan	casaron	casaban	casarán	casarían

Present Subjunctive	Imperfect Subjunctive	Imperative	Present Participle	Past Participle
case	casara	casa	casando	casado
cases	casaras	cases*		
case	casara	casad		
casemos	casáramos	caséis*		
caséis	casarais	case		
casen	casaran	casen		

SATISFACER

to satisfy

El estudiante *satisfizo* todos los requisitos para su graduación
The student satisfied all the requirements for graduation.

CAZAR

to hunt, to chase, to catch

Los cazadores *cazan* animales peligrosos.
The hunters hunt dangerous animals.

Present	Preterite	Imperfect	Future	Conditional
saludo	saludé	saludaba	saludaré	saludaría
saludas	saludaste	saludabas	saludarás	saludarías
saluda	saludó	saludaba	saludará	saludaría
saludamos	saludamos	saludábamos	saludaremos	saludaríamos
saludáis	saludasteis	saludabais	saludaréis	saludaríais
saludan	saludaron	saludaban	saludarán	saludarían

Present Subjunctive	Imperfect Subjunctive	Imperative	Present Participle	Past Participle
salude	saludara	saluda	saludando	saludado
saludes	saludaras	saludes*		
salude	saludara	saludad		
saludemos	saludáramos	saludéis*		
saludéis	saludarais	salude		
saluden	saludaran	saluden		

Present	Preterite	Imperfect	Future	Conditional
cazo	cacé	cazaba	cazaré	cazaría
cazas	cazaste	cazabas	cazarás	cazarías
caza	cazó	cazaba	cazará	cazaría
cazamos	cazamos	cazábamos	cazaremos	cazaríamos
cazáis	cazasteis	cazabais	cazaréis	cazaríais
cazan	cazaron	cazaban	cazarán	cazarían

Present Subjunctive	Imperfect Subjunctive	Imperative	Present Participle	Past Participle
cace	cazara	caza	cazando	cazado
caces	cazaras	caces*		
cace	cazara	cazad		
cacemos	cazáramos	cacéis*		
cacéis	cazarais	cace		
cacen	cazaran	cacen		

Many Hispanics greet each other with an embrace.
Muchos hispanos *se saludan* con un abrazo.

to greet; to salute

SALUDAR(SE)

Present	Preterite	Imperfect	Future	Conditional
salgo	salí	salía	saldré	saldría
sales	saliste	salías	saldrás	saldrías
sale	salió	salía	saldrá	saldría
salimos	salimos	salíamos	saldremos	saldríamos
salís	salisteis	salíais	saldréis	saldríais
salen	salieron	salían	saldrán	saldrían

Present Subjunctive	Imperfect Subjunctive	Imperative	Present Participle	Past Participle
salga	saliera	sal	saliendo	salido
salgas	salieras	salgas*		
salga	saliera	salid		
salgamos	saliéramos	salgáis*		
salgáis	salierais	salga		
salgan	salieran	salgan		

CELEBRAR

to celebrate

La clase *celebrará* su graduación en mayo.
The class will celebrate its graduation in May.

Present	Preterite	Imperfect	Future	Conditional
celebro	celebré	celebraba	celebraré	celebraría
celebras	celebraste	celebrabas	celebrarás	celebrarías
celebra	celebró	celebraba	celebrará	celebraría
celebramos	celebramos	celebrábamos	celebraremos	celebraríamos
celebráis	celebrasteis	celebrabais	celebraréis	celebraríais
celebran	celebraron	celebraban	celebrarán	celebrarían

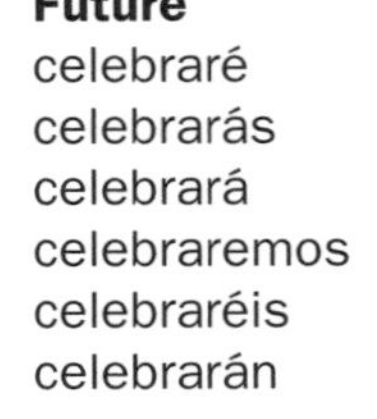

Present Subjunctive	Imperfect Subjunctive	Imperative	Present Participle	Past Participle
celebre	celebrara		celebrando	celebrado
celebres	celebraras	celebra		
celebre	celebrara	celebres*		
celebremos	celebráramos	celebrad		
celebréis	celebrarais	celebréis*		
celebren	celebraran	celebre		
		celebren		

SALIR

to leave; to exit

Cuando *salgas* de clase, ven a casa inmediatamente.

When you come out of class, come home immediately.

Present	Preterite	Imperfect	Future	Conditional
saco	saqué	sacaba	sacaré	sacaría
sacas	sacaste	sacabas	sacarás	sacarías
saca	sacó	sacaba	sacará	sacaría
sacamos	sacamos	sacábamos	sacaremos	sacaríamos
sacáis	sacasteis	sacabais	sacaréis	sacaríais
sacan	sacaron	sacaban	sacarán	sacarían

Present Subjunctive	Imperfect Subjunctive	Imperative	Present Participle	Past Participle
saque	sacara	saca	sacando	sacado
saques	sacaras	saques*		
saque	sacara	sacad		
saquemos	sacáramos	saquéis*		
saquéis	sacarais	saque		
saquen	sacaran	saquen		

CENAR

to dine; to eat dinner

¿A qué hora *cena* tu familia?
At what time does your family eat dinner?

Present	Preterite	Imperfect	Future	Conditional
ceno	cené	cenaba	cenaré	cenaría
cenas	cenaste	cenabas	cenarás	cenarías
cena	cenó	cenaba	cenará	cenaría
cenamos	cenamos	cenábamos	cenaremos	cenaríamos
cenáis	cenasteis	cenabais	cenaréis	cenaríais
cenan	cenaron	cenaban	cenarán	cenarían

Present Subjunctive	Imperfect Subjunctive	Imperative	Present Participle	Past Participle
cene	cenara		cenando	cenado
cenes	cenaras	cena		
cene	cenara	cenes*		
cenemos	cenáramos	cenad		
cenéis	cenarais	cenéis*		
cenen	cenaran	cene		
		cenen		

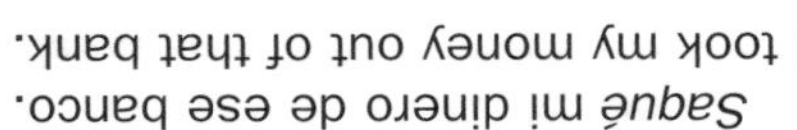

SACAR

to take out; to get; to get out

Saqué mi dinero de ese banco.

I took my money out of that bank.

CEPILLAR(SE)

to brush; to brush oneself

El barbero *le cepilló* el pelo al cliente.
The barber brushed the customer's hair.

Present	Preterite	Imperfect	Future	Conditional
sé	supe	sabía	sabré	sabría
sabes	supiste	sabías	sabrás	sabrías
sabe	supo	sabía	sabrá	sabría
sabemos	supimos	sabíamos	sabremos	sabríamos
sabéis	supisteis	sabíais	sabréis	sabríais
saben	supieron	sabían	sabrán	sabrían

Present Subjunctive	Imperfect Subjunctive	Imperative	Present Participle	Past Participle
sepa	supiera	sabe	sabiendo	sabido
sepas	supieras	sepas*		
sepa	supiera	sabed		
sepamos	supiéramos	sepáis*		
sepáis	supierais	sepa		
sepan	supieran	sepan		

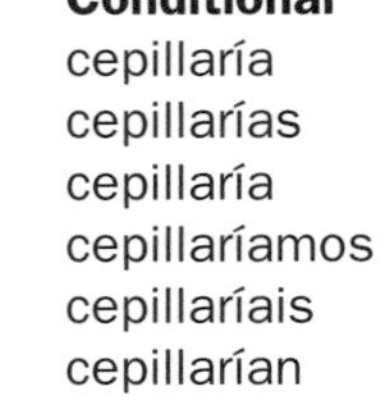

Present	Preterite	Imperfect	Future	Conditional
cepillo	cepillé	cepillaba	cepillaré	cepillaría
cepillas	cepillaste	cepillabas	cepillarás	cepillarías
cepilla	cepilló	cepillaba	cepillará	cepillaría
cepillamos	cepillamos	cepillábamos	cepillaremos	cepillaríamos
cepilláis	cepillasteis	cepillabais	cepillaréis	cepillaríais
cepillan	cepillaron	cepillaban	cepillarán	cepillarían

Present Subjunctive	Imperfect Subjunctive	Imperative	Present Participle	Past Participle
cepille	cepillara	cepilla	cepillando	cepillado
cepilles	cepillaras	cepilles*		
cepille	cepillara	cepillad		
cepillemos	cepilláramos	cepilléis*		
cepilléis	cepillarais	cepille		
cepillen	cepillaran	cepillen		

SABER (A)

to know; to find out; to taste [like]

Todos *saben* el valor de la moneda.

Everyone knows the value of the coin.

CERRAR

to close

Cierra la puerta cuando salgas.
Close the door when you leave.

Present	Preterite	Imperfect	Future	Conditional
rompo	rompí	rompía	romperé	rompería
rompes	rompiste	rompías	romperás	romperías
rompe	rompió	rompía	romperá	rompería
rompemos	rompimos	rompíamos	romperemos	romperíamos
rompéis	rompisteis	rompíais	romperéis	romperíais
rompen	rompieron	rompían	romperán	romperían

Present Subjunctive	Imperfect Subjunctive	Imperative	Present Participle	Past Participle
rompa	rompiera	rompe	rompiendo	roto
rompas	rompieras	rompas*		
rompa	rompiera	romped		
rompamos	rompiéramos	rompáis*		
rompáis	rompierais	rompa		
rompan	rompieran	rompan		

Present	Preterite	Imperfect	Future	Conditional
cierro	cerré	cerraba	cerraré	cerraría
cierras	cerraste	cerrabas	cerrarás	cerrarías
cierra	cerró	cerraba	cerrará	cerraría
cerramos	cerramos	cerrábamos	cerraremos	cerraríamos
cerráis	cerrasteis	cerrabais	cerraréis	cerraríais
cierran	cerraron	cerraban	cerrarán	cerrarían

Present Subjunctive	Imperfect Subjunctive	Imperative	Present Participle	Past Participle
cierre	cerrara	cierra	cerrando	cerrado
cierres	cerraras	cierres*		
cierre	cerrara	cerrad		
cerremos	cerráramos	cerréis*		
cerréis	cerrarais	cierre		
cierren	cerraran	cierren		

ROMPER(SE)

to break; to tear

¿Quién *rompió* la ventana?

Who broke the window?

Present	Preterite	Imperfect	Future	Conditional
ruego	rogué	rogaba	rogaré	rogaría
ruegas	rogaste	rogabas	rogarás	rogarías
ruega	rogó	rogaba	rogará	rogaría
rogamos	rogamos	rogábamos	rogaremos	rogaríamos
rogáis	rogasteis	rogabais	rogaréis	rogaríais
ruegan	rogaron	rogaban	rogarán	rogarían

Present Subjunctive	Imperfect Subjunctive	Imperative	Present Participle	Past Participle
ruegue	rogara	ruega	rogando	rogado
ruegues	rogaras	ruegues*		
ruegue	rogara	rogad		
roguemos	rogáramos	roguéis*		
roguéis	rogarais	ruegue		
rueguen	rogaran	rueguen		

COCINAR

to cook

Mi madre *cocina* la mejor comida italiana.
Mi mother cooks the best Italian food.

Present	Preterite	Imperfect	Future	Conditional
cocino	cociné	cocinaba	cocinaré	cocinaría
cocinas	cocinaste	cocinabas	cocinarás	cocinarías
cocina	cocinó	cocinaba	cocinará	cocinaría
cocinamos	cocinamos	cocinábamos	cocinaremos	cocinaríamos
cocináis	cocinasteis	cocinabais	cocinaréis	cocinaríais
cocinan	cocinaron	cocinaban	cocinarán	cocinarían

Present Subjunctive	Imperfect Subjunctive	Imperative	Present Participle	Past Participle
cocine	cocinara	cocina	cocinando	cocinado
cocines	cocinaras	cocines*		
cocine	cocinara	cocinad		
cocinemos	cocináramos	cocinéis*		
cocinéis	cocinarais	cocine		
cocinen	cocinaran	cocinen		

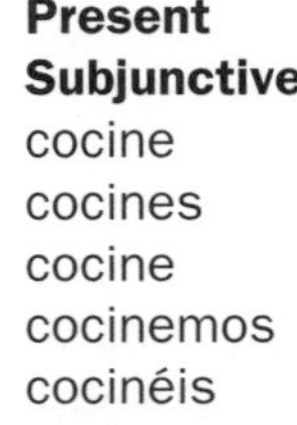
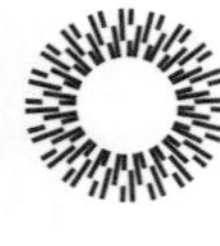

ROGAR

to beg; to pray

Te *ruego* que me escuches.

I beg you to listen to me.

COGER

to grab; to catch; to seize

Felipe *cogió* la pelota en el partido de ayer.
Philip caught the ball in yesterday's game.

Present	Preterite	Imperfect	Future	Conditional
rezo	recé	rezaba	rezaré	rezaría
rezas	rezaste	rezabas	rezarás	rezarías
reza	rezó	rezaba	rezará	rezaría
rezamos	rezamos	rezábamos	rezaremos	rezaríamos
rezáis	rezasteis	rezabais	rezaréis	rezaríais
rezan	rezaron	rezaban	rezarán	rezarían

Present Subjunctive	Imperfect Subjunctive	Imperative	Present Participle	Past Participle
rece	rezara	reza	rezando	rezado
reces	rezaras	reces*		
rece	rezara	rezad		
recemos	rezáramos	recéis*		
recéis	rezarais	rece		
recen	rezaran	recen		

Present	Preterite	Imperfect	Future	Conditional
cojo	cogí	cogía	cogeré	cogería
coges	cogiste	cogías	cogerás	cogerías
coge	cogió	cogía	cogerá	cogería
cogemos	cogimos	cogíamos	cogeremos	cogeríamos
cogéis	cogisteis	cogíais	cogeréis	cogeríais
cogen	cogieron	cogían	cogerán	cogerían

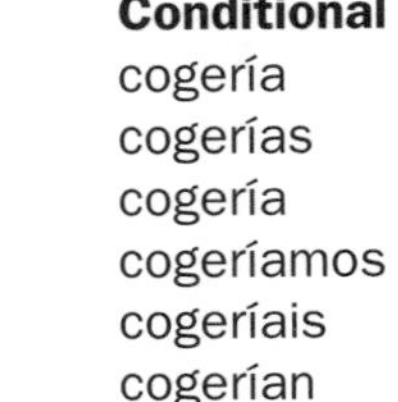

Present Subjunctive	Imperfect Subjunctive	Imperative	Present Participle	Past Participle
coja	cogiera	coge	cogiendo	cogido
cojas	cogieras	cojas*		
coja	cogiera	coged		
cojamos	cogiéramos	cojáis*		
cojáis	cogierais	coja		
cojan	cogieran	cojan		

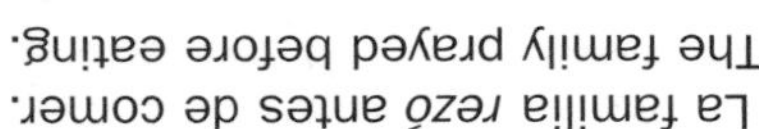

REZAR

to pray

La familia *rezó* antes de comer.
The family prayed before eating.

Present	Preterite	Imperfect	Future	Conditional
reúno	reuní	reunía	reuniré	reuniría
reúnes	reuniste	reunías	reunirás	reunirías
reúne	reunió	reunía	reunirá	reuniría
reunimos	reunimos	reuníamos	reuniremos	reuniríamos
reunís	reunisteis	reuníais	reuniréis	reuniríais
reúnen	reunieron	reunían	reunirán	reunirían

Present Subjunctive	Imperfect Subjunctive	Imperative	Present Participle	Past Participle
reúna	reuniera	reúne	reuniendo	reunido
reúnas	reunieras	reúnas*		
reúna	reuniera	reunid		
reunamos	reuniéramos	reunáis*		
reunáis	reunierais	reúna		
reúnan	reunieran	reúnan		

COLGAR

to hang

Es necesario que *cuelguen* su ropa al quitársela.
It is necessary that you hang your clothes when you take them off.

Present	Preterite	Imperfect	Future	Conditional
cuelgo	colgué	colgaba	colgaré	colgaría
cuelgas	colgaste	colgabas	colgarás	colgarías
cuelga	colgó	colgaba	colgará	colgaría
colgamos	colgamos	colgábamos	colgaremos	colgaríamos
colgáis	colgasteis	colgabais	colgaréis	colgaríais
cuelgan	colgaron	colgaban	colgarán	colgarían

Present Subjunctive	Imperfect Subjunctive	Imperative	Present Participle	Past Participle
cuelgue	colgara		colgando	colgado
cuelgues	colgaras	cuelga		
cuelgue	colgara	cuelgues*		
colguemos	colgáramos	colgad		
colguéis	colgarais	colguéis*		
cuelguen	colgaran	cuelgue		
		cuelguen		

REUNIR(SE)

to meet; to reunite

Los socios *se reunían* todos los lunes.

The members would meet every Monday.

Present	Preterite	Imperfect	Future	Conditional
respondo	respondí	respondía	responderé	respondería
respondes	respondiste	respondías	responderás	responderías
responde	respondió	respondía	responderá	respondería
respondemos	respondimos	respondíamos	responderemos	responderíamos
respondéis	respondisteis	respondíais	responderéis	responderíais
responden	respondieron	respondían	responderán	responderían

Present Subjunctive	Imperfect Subjunctive	Imperative	Present Participle	Past Participle
responda	respondiera	responde	respondiendo	respondido
respondas	respondieras	respondas*		
responda	respondiera	responded		
respondamos	respondiéramos	respondáis*		
respondáis	respondierais	responda		
respondan	respondieran	respondan		

COLOCAR

to place; to put

Colocamos los libros en el pupitre.
We placed the books on the desk.

Present	Preterite	Imperfect	Future	Conditional
coloco	coloqué	colocaba	colocaré	colocaría
colocas	colocaste	colocabas	colocarás	colocarías
coloca	colocó	colocaba	colocará	colocaría
colocamos	colocamos	colocábamos	colocaremos	colocaríamos
colocáis	colocasteis	colocabais	colocaréis	colocaríais
colocan	colocaron	colocaban	colocarán	colocarían

Present Subjunctive	Imperfect Subjunctive	Imperative	Present Participle	Past Participle
coloque	colocara		colocando	colocado
coloques	colocaras	coloca		
coloque	colocara	coloques*		
coloquemos	colocáramos	colocad		
coloquéis	colocarais	coloquéis*		
coloquen	colocaran	coloque		
		coloquen		

RESPONDER

to reply; to respond; to answer

El niño *respondió* correctamente a la pregunta.
The boy answered the question correctly.

COMENZAR

to begin; to commence

¿Cuándo *comienza* la función de teatro?
When does the theatre performance begin?

Present	Preterite	Imperfect	Future	Conditional
resuelvo	resolví	resolvía	resolveré	resolvería
resuelves	resolviste	resolvías	resolverás	resolverías
resuelve	resolvió	resolvía	resolverá	resolvería
resolvemos	resolvimos	resolvíamos	resolveremos	resolveríamos
resolvéis	resolvisteis	resolvíais	resolveréis	resolveríais
resuelven	resolvieron	resolvían	resolverán	resolverían

Present Subjunctive	Imperfect Subjunctive	Imperative	Present Participle	Past Participle
resuelva	resolviera	resuelve	resolviendo	resuelto
resuelvas	resolvieras	resuelvas*		
resuelva	resolviera	resolved		
resolvamos	resolviéramos	resolváis*		
resolváis	resolvierais	resuelva		
resuelvan	resolvieran	resuelvan		

Present	Preterite	Imperfect	Future	Conditional
comienzo	comencé	comenzaba	comenzaré	comenzaría
comienzas	comenzaste	comenzabas	comenzarás	comenzarías
comienza	comenzó	comenzaba	comenzará	comenzaría
comenzamos	comenzamos	comenzábamos	comenzaremos	comenzaríamos
comenzáis	comenzasteis	comenzabais	comenzaréis	comenzaríais
comienzan	comenzaron	comenzaban	comenzarán	comenzarían

Present Subjunctive	Imperfect Subjunctive	Imperative Participle	Present Participle	Past
comience	comenzara	comienza	comenzando	comenzado
comiences	comenzaras	comiences*		
comience	comenzara	comenzad		
comencemos	comenzáramos	comencéis*		
comencéis	comenzarais	comience		
comiencen	comenzaran	comiencen		

RESOLVER

to solve; to resolve; to settle

¿Ya *resolviste* tu problema?

Did you resolve your problem already?

Present	Preterite	Imperfect	Future	Conditional
repito	repetí	repetía	repetiré	repetiría
repites	repetiste	repetías	repetirás	repetirías
repite	repitió	repetía	repetirá	repetiría
repetimos	repetimos	repetíamos	repetiremos	repetiríamos
repetís	repetisteis	repetíais	repetiréis	repetiríais
repiten	repitieron	repetían	repetirán	repetirían

Present Subjunctive	Imperfect Subjunctive	Imperative	Present Participle	Past Participle
repita	repitiera	repite	repitiendo	repetido
repitas	repitieras	repitas*		
repita	repitiera	repetid		
repitamos	repitiéramos	repitáis*		
repitáis	repitierais	repita		
repitan	repitieran	repitan		

COMPADECER(SE)

to sympathize; to feel sorry for

Yo *me compadezco* con su tragedia.
I sympathize with him in his tragedy.

Present	Preterite	Imperfect	Future	Conditional
compadezco	compadecí	compadecía	compadeceré	compadecería
compadeces	compadeciste	compadecías	compadecerás	compadecerías
compadece	compadeció	compadecía	compadecerá	compadecería
compadecemos	compadecimos	compadecíamos	compadeceremos	compadeceríamos
compadecéis	compadecisteis	compadecíais	compadeceréis	compadeceríais
compadecen	compadecieron	compadecían	compadecerán	compadecerían

Present Subjunctive	Imperfect Subjunctive	Imperative	Present Participle	Past Participle
compadezca	compadeciera	compadece	compadeciendo	compadecido
compadezcas	compadecieras	compadezcas*		
compadezca	compadeciera	compadeced		
compadezcamos	compadeciéramos	compadezcáis*		
compadezcáis	compadecierais	compadezca		
compadezcan	compadecieran	compadezcan		

REPETIR

to repeat; to do again

El director *repite* sus reglas.

The principal repeats his rules.

Present	Preterite	Imperfect	Future	Conditional
repaso	repasé	repasaba	repasaré	repasaría
repasas	repasaste	repasabas	repasarás	repasarías
repasa	repasó	repasaba	repasará	repasaría
repasamos	repasamos	repasábamos	repasaremos	repasaríamos
repasáis	repasasteis	repasabais	repasaréis	repasaríais
repasan	repasaron	repasaban	repasarán	repasarían

Present Subjunctive	Imperfect Subjunctive	Imperative	Present Participle	Past Participle
repase	repasara	repasa	repasando	repasado
repases	repasaras	repases*		
repase	repasara	repasad		
repasemos	repasáramos	repaséis*		
repaséis	repasarais	repase		
repasen	repasaran	repasen		

COMPLACER

to please; to humor; to gratify

Tu notas excelentes me *complacen* mucho.
I am very pleased by your good grades.

Present	Preterite	Imperfect	Future	Conditional
complazco	complací	complacía	complaceré	complacería
complaces	complaciste	complacías	complacerás	complacerías
complace	complació	complacía	complacerá	complacería
complacemos	complacimos	complacíamos	complaceremos	complaceríamos
complacéis	complacisteis	complacíais	complaceréis	complaceríais
complacen	complacieron	complacían	complacerán	complacerían

Present Subjunctive	Imperfect Subjunctive	Imperative	Present Participle	Past Participle
complazca	complaciera	complace	complaciendo	complacido
complazcas	complacieras	complazcas*		
complazca	complaciera	complaced		
complazcamos	complaciéramos	complazcáis*		
complazcáis	complacierais	complazca		
complazcan	complacieran	complazcan		

You should review all your notes before the exam.

Debes *repasar* todas tus notas antes del examen.

to revise; to review; to pass again

REPASAR

COMPRENDER

to understand; to comprehend

No *comprendo* por qué no quieres ir a la fiesta.
I don't understand why you don't want to go to the party.

Present	Preterite	Imperfect	Future	Conditional
reparto	repartí	repartía	repartiré	repartiría
repartes	repartiste	repartías	repartirás	repartirías
reparte	repartió	repartía	repartirá	repartiría
repartimos	repartimos	repartíamos	repartiremos	repartiríamos
repartís	repartisteis	repartíais	repartiréis	repartiríais
reparten	repartieron	repartían	repartirán	repartirían

Present Subjunctive	Imperfect Subjunctive	Imperative	Present Participle	Past Participle
reparta	repartiera	reparte	repartiendo	repartido
repartas	repartieras	repartas*		
reparta	repartiera	repartid		
repartamos	repartiéramos	repartáis*		
repartáis	repartierais	reparta		
repartan	repartieran	repartan		

Present	Preterite	Imperfect	Future	Conditional
comprendo	comprendí	comprendía	comprenderé	comprendería
comprendes	comprendiste	comprendías	comprenderás	comprenderías
comprende	comprendió	comprendía	comprenderá	comprendería
comprendemos	comprendimos	comprendíamos	comprenderemos	comprenderíamos
comprendéis	comprendisteis	comprendíais	comprenderéis	comprenderíais
comprenden	comprendieron	comprendían	comprenderán	comprenderían

Present Subjunctive	Imperfect Subjunctive	Imperative	Present Participle	Past Participle
comprenda	comprendiera	comprende	comprendiendo	comprendido
comprendas	comprendieras	comprendas*		
comprenda	comprendiera	comprended		
comprendamos	comprendiéramos	comprendáis*		
comprendáis	comprendierais	comprenda		
comprendan	comprendieran	comprendan		

REPARTIR

to distribute; to apportion; to parcel out

El gerente *reparte* las ganancias a los empleados.
The manager distributes the profits to the employees.

Present	Preterite	Imperfect	Future	Conditional
reparo	reparé	reparaba	repararé	repararía
reparas	reparaste	reparabas	repararás	repararías
repara	reparó	reparaba	reparará	repararía
reparamos	reparamos	reparábamos	repararemos	repararíamos
reparáis	reparasteis	reparabais	repararéis	repararíais
reparan	repararon	reparaban	repararán	repararían

Present Subjunctive	Imperfect Subjunctive	Imperative	Present Participle	Past Participle
repare	reparara	repara	reparando	reparado
repares	repararas	repares*		
repare	reparara	reparad		
reparemos	reparáramos	reparéis*		
reparéis	repararais	repare		
reparen	repararan	reparen		

COMPROBAR

to verify; to check

El policía *comprueba* que el conductor lleva su permiso de conducir.
The policeman verifies that the driver has his driver's license.

Present	Preterite	Imperfect	Future	Conditional
compruebo	comprobé	comprobaba	comprobaré	comprobaría
compruebas	comprobaste	comprobabas	comprobarás	comprobarías
comprueba	comprobó	comprobaba	comprobará	comprobaría
comprobamos	comprobamos	comprobábamos	comprobaremos	comprobaríamos
comprobáis	comprobaste	comprobabais	comprobaréis	comprobaríais
comprueban	comprobaron	comprobaban	comprobarán	comprobarían

Present Subjunctive	Imperfect Subjunctive	Imperative	Present Participle	Past Participle
compruebe	comprobara	comprueba	comprobando	comprobado
compruebes	comprobaras	compruebes*		
compruebe	comprobara	comprobad		
comprobemos	comprobáramos	comprobéis*		
comprobéis	comprobarais	compruebe		
comprueben	comprobaran	comprueben		

The mechanic repairs the car when it doesn't run.

El mécanico *repara* el coche cuando no funciona.

to repair; to mend; to fix; to notice

REPARAR

CONCORDAR

to be in agreement; to reconcile

El presidente *concuerda* con las acciones del Congreso.
The president agrees with the actions of the Congress.

Present	Preterite	Imperfect	Future	Conditional
renuevo	renové	renovaba	renovaré	renovaría
renuevas	renovaste	renovabas	renovarás	renovarías
renueva	renovó	renovaba	renovará	renovaría
renovamos	renovamos	renovábamos	renovaremos	renovaríamos
renováis	renovasteis	renovabais	renovaréis	renovaríais
renuevan	renovaron	renovaban	renovarán	renovarían

Present Subjunctive	Imperfect Subjunctive	Imperative	Present Participle	Past Participle
renueve	renovara	renueva	renovando	renovado
renueves	renovaras	renueves*		
renueve	renovara	renovad		
renovemos	renováramos	renovéis*		
renovéis	renovarais	renueve		
renueven	renovaran	renueven		

Present	Preterite	Imperfect	Future	Conditional
concuerdo	concordé	concordaba	concordaré	concordaría
concuerdas	concordaste	concordabas	concordarás	concordarías
concuerda	concordó	concordaba	concordará	concordaría
concordamos	concordamos	concordábamos	concordaremos	concordaríamos
concordáis	concordasteis	concordabais	concordaréis	concordaríais
concuerdan	concordaron	concordaban	concordarán	concordarían

Present Subjunctive	Imperfect Subjunctive	Imperative	Present Participle	Past Participle
concuerde	concordara		concordando	concordado
concuerdes	concordaras	concuerda		
concuerde	concordara	concuerdes*		
concordemos	concordáramos	concordad		
concordéis	concordarais	concordéis*		
concuerden	concordaran	concuerde		
		concuerden		

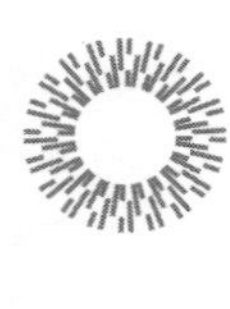

Elisa renewed her driver's license.

Elisa *renovó* su carnet de conducir.

to renew; to remodel

RENOVAR

Present	Preterite	Imperfect	Future	Conditional
riño	reñí	reñía	reñiré	reñiría
riñes	reñiste	reñías	reñirás	reñirías
riñe	riñó	reñía	reñirá	reñiría
reñimos	reñimos	reñíamos	reñiremos	reñiríamos
reñís	reñisteis	reñíais	reñiréis	reñiríais
riñen	riñeron	reñían	reñirán	reñirían

Present Subjunctive	Imperfect Subjunctive	Imperative	Present Participle	Past Participle
riña	riñera	riñe	riñendo	reñido
riñas	riñeras	riñas*		
riña	riñera	reñid		
riñamos	riñéramos	riñáis*		
riñáis	riñerais	riña		
riñan	riñeran	riñan		

CONDUCIR

to conduct; to drive

Mi hermano *condujo* desde San Francisco hasta Denver.
My brother drove from San Francisco to Denver.

Present	Preterite	Imperfect	Future	Conditional
conduzco	conduje	conducía	conduciré	conduciría
conduces	condujiste	conducías	conducirás	conducirías
conduce	condujo	conducía	conducirá	conduciría
conducimos	condujimos	conducíamos	conduciremos	conduciríamos
conducís	condujisteis	conducíais	conduciréis	conduciríais
conducen	condujeron	conducían	conducirán	conducirían

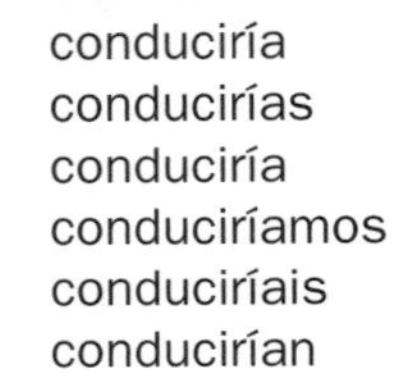

Present Subjunctive	Imperfect Subjunctive	Imperative	Present Participle	Past Participle
conduzca	condujera		conduciendo	conducido
conduzcas	condujeras	conduce		
conduzca	condujera	conduzcas*		
conduzcamos	condujéramos	conducid		
conduzcáis	condujerais	conduzcáis*		
conduzcan	condujeran	conduzca		
		conduzcan		

Although they are friends, they quarrel often.

Aunque son amigos, *riñen* frecuentemente.

to fight; to quarrel; to argue

REÑIR

CONFIAR

to trust; to have trust or confidence

Ella *confía* en sus habilidades.
She has confidence in her abilities.

Present	Preterite	Imperfect	Future	Conditional
remito	remití	remitía	remitiré	remitiría
remites	remitiste	remitías	remitirás	remitirías
remite	remitió	remitía	remitirá	remitiría
remitimos	remitimos	remitíamos	remitiremos	remitiríamos
remitís	remitisteis	remitíais	remitiréis	remitiríais
remiten	remitieron	remitían	remitirán	remitirían

Present Subjunctive	Imperfect Subjunctive	Imperative	Present Participle	Past Participle
remita	remitiera	remite	remitiendo	remitido
remitas	remitieras	remitas*		
remita	remitiera	remitid		
remitamos	remitiéramos	remitáis*		
remitáis	remitierais	remita		
remitan	remitieran	remitan		

Present	Preterite	Imperfect	Future	Conditional
confío	confié	confiaba	confiaré	confiaría
confías	confiaste	confiabas	confiarás	confiarías
confía	confió	confiaba	confiará	confiaría
confiamos	confiamos	confiábamos	confiaremos	confiaríamos
confiáis	confiasteis	confiabais	confiaréis	confiaríais
confían	confiaron	confiaban	confiarán	confiarían

Present Subjunctive	Imperfect Subjunctive	Imperative	Present Participle	Past Participle
confíe	confiara	confía	confiando	confiado
confíes	confiaras	confíes*		
confíe	confiara	confiad		
confiemos	confiáramos	confiéis*		
confiéis	confiarais	confíe		
confíen	confiaran	confíen		

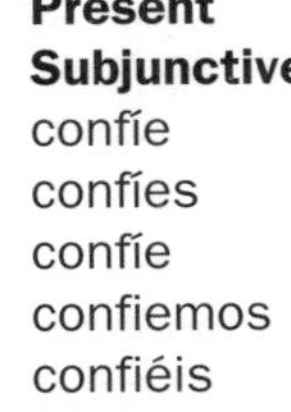

REMITIR

to remit; to send

El secretario *remitió* el pago al empleado.

The secretary sent the employee the payment.

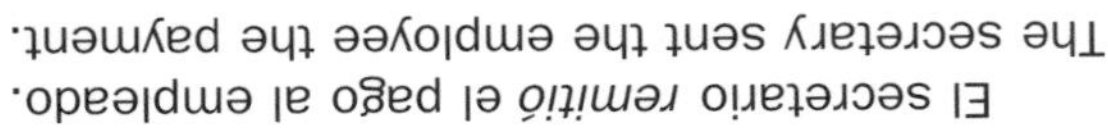

Present	Preterite	Imperfect	Future	Conditional
remedio	remedié	remediaba	remediaré	remediaría
remedias	remediaste	remediabas	remediarás	remediarías
remedia	remedió	remediaba	remediará	remediaría
remediamos	remediamos	remediábamos	remediaremos	remediaríamos
remediáis	remediasteis	remediabais	remediaréis	remediaríais
remedian	remediaron	remediaban	remediarán	remediarían

Present Subjunctive	Imperfect Subjunctive	Imperative	Present Participle	Past Participle
remedie	remediara	remedia	remediendo	remedido
remedies	remediaras	remedies*		
remedie	remediara	remediad		
remediemos	remediáramos	remediéis*		
remediéis	remediarais	remedie		
remedien	remediaran	remedien		

CONFUNDIR

to confuse

Estas instrucciones me *confunden* mucho.
These instructions confuse me a lot.

Present	Preterite	Imperfect	Future	Conditional
confundo	confundí	confundía	confundiré	confundiría
confundes	confundiste	confundías	confundirás	confundirías
confunde	confundió	confundía	confundirá	confundiría
confundimos	confundimos	confundíamos	confundiremos	confundiríamos
confundís	confundisteis	confundíais	confundiréis	confundiríais
confunden	confundieron	confundían	confundirán	confundirían

Present Subjunctive	Imperfect Subjunctive	Imperative	Present Participle	Past Participle
confunda	confundiera		confundiendo	confundido
confundas	confundieras	confunde		
confunda	confundiera	confundas*		
confundamos	confundiéramos	confundid		
confundáis	confundierais	confundáis*		
confundan	confundieran	confunda		
		confundan		

REMEDIAR

to remedy, to repair; to solve [figuratively]

Nadie puede *remediar* todos los problemas del mundo.
No one can solve all the problems of the world.

CONOCER

to know; to be acquainted

¿*Conoces* al hermano de Elena?
Do you know Elena's brother?

Present	Preterite	Imperfect	Future	Conditional
relleno	rellené	rellenaba	rellenaré	rellenaría
rellenas	rellenaste	rellenabas	rellenarás	rellenarías
rellena	rellenó	rellenaba	rellenará	rellenaría
rellenamos	rellenamos	rellenábamos	rellenaremos	rellenaríamos
rellenáis	rellenasteis	rellenabais	rellenaréis	rellenaríais
rellenan	rellenaron	rellenaban	rellenarán	rellenarían

Present Subjunctive	Imperfect Subjunctive	Imperative	Present Participle	Past Participle
rellene	rellenara	rellena	rellenando	rellenado
rellenes	rellenaras	rellenes*		
rellene	rellenara	rellenad		
rellenemos	rellenáramos	rellenéis*		
rellenéis	rellenarais	rellene		
rellenen	rellenaran	rellenen		

Present	Preterite	Imperfect	Future	Conditional
conozco	conocí	conocía	conoceré	conocería
conoces	conociste	conocías	conocerás	conocerías
conoce	conoció	conocía	conocerá	conocería
conocemos	conocimos	conocíamos	conoceremos	conoceríamos
conocéis	conocisteis	conocíais	conoceréis	conoceríais
conocen	conocieron	conocían	conocerán	conocerían

Present Subjunctive	Imperfect Subjunctive	Imperative	Present Participle	Past Participle
conozca	conociera	conoce	conociendo	conocido
conozcas	conocieras	conozcas*		
conozca	conociera	conoced		
conozcamos	conociéramos	conozcáis*		
conozcáis	conocierais	conozca		
conozcan	conocieran	conozcan		

RELLENAR

to fill out or in; to stuff; to refill

Es necesario que *rellenes* el formulario para mañana.
It's necessary that you fill out the form by tomorrow.

CONSEGUIR

to get; to obtain

El estudiante *consigue* la información que necesita.
The student obtains the information he needs.

Present	Preterite	Imperfect	Future	Conditional
río	reí	reía	reiré	reiría
ríes	reíste	reías	reirás	reirías
ríe	rio	reía	reirá	reiría
reímos	reímos	reíamos	reiremos	reiríamos
reís	reísteis	reíais	reiréis	reiríais
ríen	rieron	reían	reirán	reirían

Present Subjunctive	Imperfect Subjunctive	Imperative	Present Participle	Past Participle
ría	riera	ríe	riendo	reído
rías	rieras	rías*		
ría	riera	reíd		
riamos	riéramos	riais*		
riais	rierais	ría		
rían	rieran	rían		

Present	Preterite	Imperfect	Future	Conditional
consigo	conseguí	conseguía	conseguiré	conseguiría
consigues	conseguiste	conseguías	conseguirás	conseguirías
consigue	consiguió	conseguía	conseguirá	conseguiría
conseguimos	conseguimos	conseguíamos	conseguiremos	conseguiríamos
conseguís	conseguisteis	conseguíais	conseguiréis	conseguiríais
consiguen	consiguieron	conseguían	conseguirán	conseguirían

Present Subjunctive	Imperfect Subjunctive	Imperative	Present Participle	Past Participle
consiga	consiguiera	consigue	consiguiendo	conseguido
consigas	consiguieras	consigas*		
consiga	consiguiera	conseguid		
consigamos	consiguiéramos	consigáis*		
consigáis	consiguierais	consiga		
consigan	consiguieran	consigan		

REÍR(SE)

to laugh

Cuando ella *se ríe*, todos ríen también.

When she laughs, everyone laughs also.

CONSIDERAR

to consider; to deem

Todos *consideraron* las opciones presentadas por el comité.
Everyone considered the options presented by the committee.

Present	**Preterite**	**Imperfect**	**Future**	**Conditional**
regreso	regresé	regresaba	regresaré	regresaría
regresas	regresaste	regresabas	regresarás	regresarías
regresa	regresó	regresaba	regresará	regresaría
regresamos	regresamos	regresábamos	regresaremos	regresaríamos
regresáis	regresasteis	regresabais	regresaréis	regresaríais
regresan	regresaron	regresaban	regresarán	regresarían

Present Subjunctive	**Imperfect Subjunctive**	**Imperative**	**Present Participle**	**Past Participle**
regrese	regresara	regresa	regresando	regresado
regreses	regresaras	regreses*		
regrese	regresara	regresad		
regresemos	regresáramos	regreséis*		
regreséis	regresarais	regrese		
regresen	regresaran	regresen		

Present	Preterite	Imperfect	Future	Conditional
considero	consideré	consideraba	consideraré	consideraría
consideras	consideraste	considerabas	considerarás	considerarías
considera	consideró	consideraba	considerará	consideraría
consideramos	consideramos	considerábamos	consideraremos	consideraríamos
consideráis	considerasteis	considerabais	consideraréis	consideraríais
consideran	consideraron	consideraban	considerarán	considerarían

Present Subjunctive	Imperfect Subjunctive	Imperative	Present Participle	Past Participle
considere	considerara	considera	considerando	considerado
consideres	consideraras	consideres*		
considere	considerara	considerad		
consideremos	consideráramos	consideréis*		
consideréis	considerarais	considere		
consideren	consideraran	consideren		

REGRESAR

to return; to come back

¿Cuándo *regresaste* de Chile?

When did you return from Chile?

CONSTITUIR

to constitute; to make up

Las tres moléculas constituyen un átomo.
The three molecules constitute one atom.

Present	Preterite	Imperfect	Future	Conditional
regalo	regalé	regalaba	regalaré	regalaría
regalas	regalaste	regalabas	regalarás	regalarías
regala	regaló	regalaba	regalará	regalaría
regalamos	regalamos	regalábamos	regalaremos	regalaríamos
regaláis	regalasteis	regalabais	regalaréis	regalaríais
regalan	regalaron	regalaban	regalarán	regalarían

Present Subjunctive	Imperfect Subjunctive	Imperative	Present Participle	Past Participle
regale	regalara	regala	regalando	regalado
regales	regalaras	regales*		
regale	regalara	regalad		
regalemos	regaláramos	regaléis*		
regaléis	regalarais	regale		
regalen	regalaran	regalen		

Present	Preterite	Imperfect	Future	Conditional
constituyo	constituí	constituía	constituiré	constituiría
constituyes	constituiste	constituías	constituirás	constituirías
constituye	constituyó	constituía	constituirá	constituiría
constituimos	constituimos	constituíamos	constituiremos	constituiríamos
constituís	constituisteis	constituíais	constituiréis	constituiríais
constituyen	constituyeron	constituían	constituirán	constituirían

Present Subjunctive	Imperfect Subjunctive	Imperative	Present Participle	Past Participle
constituya	constituyera	constituye	constituyendo	constituido
constituyas	constituyeras	constituyas*		
constituya	constituyera	constituid		
constituyamos	constituyéramos	constituyáis*		
constituyáis	constituyerais	constituya		
constituyan	constituyeran	constituyan		

REGALAR

to give as a gift

Sus compañeros le *regalaron* un viaje a Suiza.
Her classmates gave her a trip to Switzerland as a gift.

CONSTRUIR

to build; to erect

La compañía *construyó* un edificio moderno en el centro.
The company built a modern building downtown.

Present	**Preterite**	**Imperfect**	**Future**	**Conditional**
refugio	refugié	refugiaba	refugiaré	refugiaría
refugias	refugiaste	refugiabas	refugiarás	refugiarías
refugia	refugió	refugiaba	refugiará	refugiraía
refugiamos	refugiamos	refugiábamos	refugiaremos	refugiaríamos
refugiáis	refugiasteis	refugiabais	refugiaréis	refugiaríais
refugian	refugiaron	refugiaban	refugiarán	refugiarían

Present Subjunctive	**Imperfect Subjunctive**	**Imperative**	**Present Participle**	**Past Participle**
refugie	refugiara	refugia	refugiando	refugiado
refugies	refugiaras	refugies*		
refugie	refugiara	refugiad		
refugiemos	refugiáramos	refugiéis*		
refugiéis	refugiarais	refugie		
refugien	refugiaran	refugien		

Present	Preterite	Imperfect	Future	Conditional
construyo	construí	construía	construiré	construiría
construyes	construiste	construías	construirás	construirías
construye	construyó	construía	construirá	construiría
construimos	construimos	construíamos	construiremos	construiríamos
construís	construisteis	construíais	construiréis	construiríais
construyen	construyeron	construían	construirán	construirían

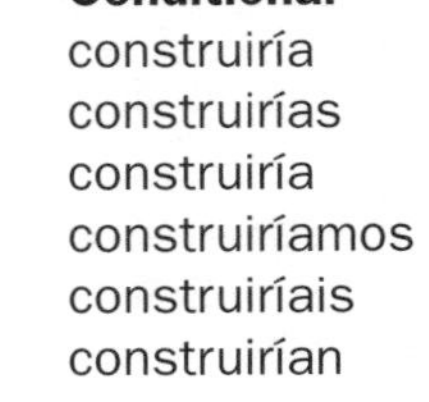

Present Subjunctive	Imperfect Subjunctive	Imperative	Present Participle	Past Participle
construya	construyera	construye	construyendo	construido
construyas	construyeras	construyas*		
construya	construyera	construid		
construyamos	construyéramos	construyáis*		
construyáis	construyerais	construya		
construyan	construyeran	construyan		

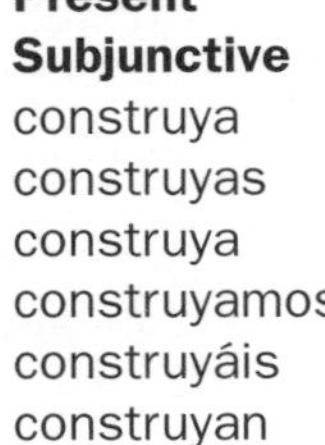

REFUGIAR(SE)

to seek refuge

Las víctimas *se refugiaron* en la embajada.
The victims sought refuge in the embassy.

Present	Preterite	Imperfect	Future	Conditional
reemplazo	reemplacé	reemplazaba	reemplazaré	reemplazaría
reemplazas	reemplazaste	reemplazabas	reemplazarás	reemplazarías
reemplaza	reemplazó	reemplazaba	reemplazará	reemplazaría
reemplazamos	reemplazamos	reemplazábamos	reemplazaremos	reemplazaríamos
reemplazáis	reemplazasteis	reemplazabais	reemplazaréis	reemplazaríais
reemplazan	reemplazaron	reemplazaban	reemplazarán	reemplazarían

Present Subjunctive	Imperfect Subjunctive	Imperative	Present Participle	Past Participle
reemplace	reemplazara	reemplaza	reemplazando	reemplazado
reemplaces	reemplazara	reemplaces*		
reemplace	reemplazara	reemplazad		
reemplacemos	reemplazáramos	reemplacéis*		
reemplacéis	reeplazarais	reemplace		
reemplacen	reemplazaran	reemplacen		

CONTAR

to count; to relate; to tell

El niño *cuenta* del cero al diez.
The boy counts from zero to 10.

Present	Preterite	Imperfect	Future	Conditional
cuento	conté	contaba	contaré	contaría
cuentas	contaste	contabas	contarás	contarías
cuenta	contó	contaba	contará	contaría
contamos	contamos	contábamos	contaremos	contaríamos
contáis	constasteis	contabais	contaréis	contaríais
cuentan	contaron	contaban	contarán	contarían

Present Subjunctive	Imperfect Subjunctive	Imperative	Present Participle	Past Participle
cuente	contara	cuenta	contando	contado
cuentes	contaras	cuentes*		
cuente	contara	contad		
contemos	contáramos	contéis*		
contéis	contarais	cuente		
cuenten	contaran	cuenten		

REEMPLAZAR

to replace; to substitute

Nosotros *reemplazamos* lo que comemos.
We replace what we eat.

CONTINUAR

to continue

Marisol *continúa* dibujando sus cuadros.
Marisol continues to draw her paintings.

Present	Preterite	Imperfect	Future	Conditional
recorro	recorrí	recorría	recorreré	recorrería
recorres	recorriste	recorrías	recorrerás	recorrerías
recorre	recorrió	recorría	recorrerá	recorrería
recorremos	recorrimos	recorríamos	recorreremos	recorreríamos
recorréis	recorristeis	recorríais	recorreréis	recorreríais
recorren	recorrieron	recorrían	recorrerán	recorrerían

Present Subjunctive	Imperfect Subjunctive	Imperative	Present Participle	Past Participle
recorra	recorriera	recorre	recorriendo	recorrido
recorras	recorrieras	recorras*		
recorra	recorriera	recorred		
recorramos	recorriéramos	recorráis*		
recorráis	recorrierais	recorra		
recorran	recorrieran	recorran		

Present	Preterite	Imperfect	Future	Conditional
continúo	continué	continuaba	continuaré	continuaría
continúas	continuaste	continuabas	continuarás	continuarías
continúa	continuó	continuaba	continuará	continuaría
continuamos	continuamos	continuábamos	continuaremos	continuaríamos
continuáis	continuasteis	continuabais	continuaréis	continuaríais
continúan	continuaron	continuaban	continuarán	continuarían

Present Subjunctive	Imperfect Subjunctive	Imperative	Present Participle	Past Participle
continúe	continuara		continuando	continuado
continúes	continuaras	continúa		
continúe	continuara	continúes*		
continuemos	continuáramos	continuad		
continuéis	continuarais	continuéis*		
continúe	continuaran	continúe		
		continúen		

RECORRER

to travel; to traverse

Recorrimos Europa durante el verano.
We travelled through Europe in the summer.

CONTRIBUIR

to contribute

Nosotros *contribuimos* dinero para las buenas obras.
We contribute money for charity.

Present	Preterite	Imperfect	Future	Conditional
recuerdo	recordé	recordaba	recordaré	recordaría
recuerdas	recordaste	recordabas	recordarás	recordarías
recuerda	recordó	recordaba	recordará	recordaría
recordamos	recordamos	recordábamos	recordaremos	recordaríamos
recordáis	recordasteis	recordabais	recordaréis	recordaríais
recuerdan	recordaron	recordaban	recordarán	recordarían

Present Subjunctive	Imperfect Subjunctive	Imperative	Present Participle	Past Participle
recuerde	recordara	recuerda	recordando	recordado
recuerdes	recordaras	recuerdes*		
recuerde	recordara	recordad		
recordemos	recordáramos	recordéis*		
recordéis	recordarais	recuerde		
recuerden	recordaran	recuerden		

Present	Preterite	Imperfect	Future	Conditional
contribuyo	contribuí	contribuía	contribuiré	contribuiría
contribuyes	contribuiste	contribuías	contribuirás	contribuirías
contribuye	contribuyó	contribuía	contribuirá	contribuiría
contribuimos	contribuimos	contribuíamos	contribuiremos	contribuiríamos
contribuís	contribuisteis	contribuíais	contribuiréis	contribuiríais
contribuyen	contribuyeron	contribuían	contribuirán	contribuirían

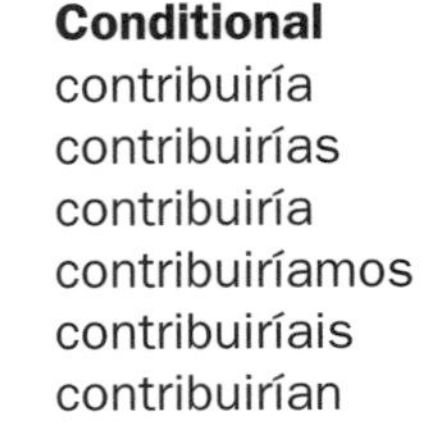

Present Subjunctive	Imperfect Subjunctive	Imperative	Present Participle	Past Participle
contribuya	contribuyera	contribuye	contribuyendo	contribuido
contribuyas	contribuyeras	contribuyas*		
contribuya	contribuyera	contribuid		
contribuyamos	contribuyéramos	contrubuyáis*		
contribuyáis	contribuyerais	contribuya		
contribuyan	contribuyera	contribuyan		

RECORDAR

to recollect; to remember

Recuerdo momentos felices de mi niñez.

I remember happy moments of my childhood.

CORREGIR

to correct

La profesora *corrige* los ensayos de los estudiantes.
The teacher corrects the students' essays.

Present	Preterite	Imperfect	Future	Conditional
reconozco	reconocí	reconocía	reconoceré	reconocería
reconoces	reconociste	reconocías	reconocerás	recononcerías
reconoce	reconoció	reconocía	reconocerá	reconocería
reconocemos	reconocimos	reconocíamos	reconoceremos	reconoceríamos
reconocéis	reconocisteis	reconocíais	reconoceréis	reconoceríais
reconocen	reconocieron	reconocían	reconocerán	reconocerían

Present Subjunctive	Imperfect Subjunctive	Imperative	Present Participle	Past Participle
reconozca	reconociera	reconoce	reconociendo	reconocido
reconozcas	reconocieras	reconozcas*		
reconozca	reconociera	reconoced		
reconozcamos	reconociéramos	reconozcáis*		
reconozcáis	reconocierais	reconozca		
reconozcan	reconocieran	reconozcan		

Present
corrijo
corriges
corrige
corregimos
corregís
corrigen

Preterite
corregí
corregiste
corrigió
corregimos
corregisteis
corrigieron

Imperfect
corregía
corregías
corregía
corregíamos
corregíais
corregían

Future
corregiré
corregirás
corregirá
corregiremos
corregiréis
corregirán

Conditional
corregiría
corregirías
corregiría
corregiríamos
corregiríais
corregirían

Present Subjunctive
corrija
corrijas
corrija
corrijamos
corrijáis
corrijan

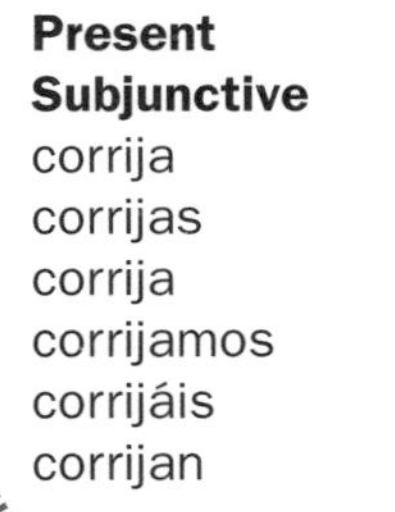

Imperfect Subjunctive
corrigiera
corrigieras
corrigiera
corrigiéramos
corrigierais
corrigieran

Imperative

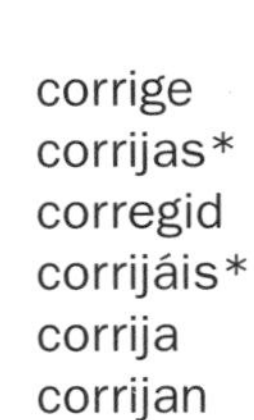

corrige
corrijas*
corregid
corrijáis*
corrija
corrijan

Present Participle
corrigiendo

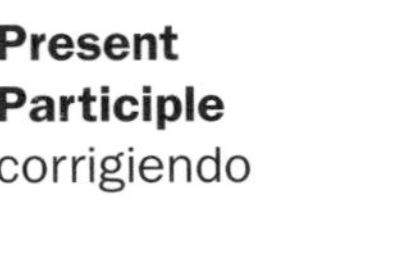

Past Participle
corregido

RECONOCER

to recognize; to admit

No *reconozco* a este chico.
I don't recognize this young man.

COSER

to sew

La dama *cose* su falda en la máquina de coser.
The lady sews her skirt on her sewing machine.

Present	**Preterite**	**Imperfect**	**Future**	**Conditional**
recomiendo	recomendé	recomendaba	recomendaré	recomendaría
recomiendas	recomendaste	recomendabas	recomendarás	recomendarías
recomienda	recomendó	recomendaba	recomendará	recomendaría
recomendamos	recomendamos	recomendábamos	recomendaremos	recomendaríamos
recomendáis	recomendaste	recomendabais	recomendaréis	recomendaríais
recomiendan	recomendaron	recomendaban	recomendarán	recomendarían

Present Subjunctive	**Imperfect Subjunctive**	**Imperative**	**Present Participle**	**Past Participle**
recomiende	recomendara	recomienda	recomendando	recomendado
recomiendes	recomendaras	recomiendes*		
recomiende	recomendara	recomendad		
recomendemos	recomendáramos	recomendéis*		
recomendéis	recomendarais	recomiende		
recomienden	recomendaran	recomienden		

Present	Preterite	Imperfect	Future	Conditional
coso	cosí	cosía	coseré	cosería
coses	cosiste	cosías	coserás	coserías
cose	cosió	cosía	coserá	cosería
cosemos	cosimos	cosíamos	coseremos	coseríamos
coséis	cosisteis	cosíais	coseréis	coseríais
cosen	cosieron	cosían	coserán	coserían

Present Subjunctive	Imperfect Subjunctive	Imperative	Present Participle	Past Participle
cosa	cosiera	cose	cosiendo	cosido
cosas	cosieras	cosas*		
cosa	cosiera	cosed		
cosamos	cosiéramos	cosáis*		
cosáis	cosierais	cosa		
cosan	cosieran	cosan		

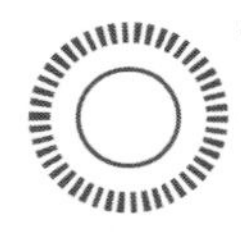

RECOMENDAR

to recommend; to advise

El mesero *recomienda* el pescado del día.
The waiter recommends the fish of the day.

COSTAR

to cost

El automóvil *cuesta* veinte mil dólares.
The car costs 20,000 dollars.

Present	Preterite	Imperfect	Future	Conditional
recojo	recogí	recogía	recogeré	recogería
recoges	recogiste	recogías	recogerás	recogerías
recoge	recogió	recogía	recogerá	recogería
recogemos	recogimos	recogíamos	recogeremos	recogeríamos
recogéis	recogisteis	recogíais	recogeréis	recogeríais
recogen	recogieron	recogían	recogerán	recogerían

Present Subjunctive	Imperfect Subjunctive	Imperative	Present Participle	Past Participle
recoja	recogiera	recoge	recogiendo	recogido
recojas	recogieras	recojas*		
recoja	recogiera	recoged		
recojamos	recogiéramos	recojáis*		
recojáis	recogierais	recoja		
recojan	recogieran	recojan		

Present	Preterite	Imperfect	Future	Conditional
cuesto	costé	costaba	costaré	costaría
cuestas	costaste	costabas	costarás	costarías
cuesta	costó	costaba	costará	costaría
costamos	costamos	costábamos	costaremos	costaríamos
costáis	costasteis	costabais	costaréis	costaríais
cuestan	costaron	costaban	costarán	costarían

Present Subjunctive	Imperfect Subjunctive	Imperative	Present Participle	Past Participle
cueste	costara	cuesta	costando	costado
cuestes	costaras	cuestes*		
cueste	costara	costad		
costemos	costáramos	costéis*		
costéis	costarais	cueste		
cuesten	costaran	cuesten		

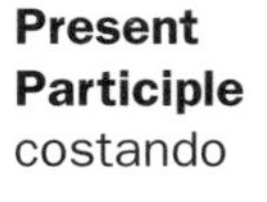

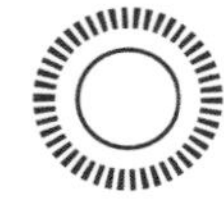

RECOGER

to gather; to pick up

El conductor *recoge* los boletos de los pasajeros.
The conductor gathers the tickets from the passengers.

Present	Preterite	Imperfect	Future	Conditional
recibo	recibí	recibía	recibiré	recibiría
recibes	recibiste	recibías	recibirás	recibirías
recibe	recibió	recibía	recibirá	recibiría
recibimos	recibimos	recibíamos	recibiremos	recibiríamos
recibís	recibisteis	recibíais	recibiréis	recibiríais
reciben	recibieron	recibían	recibirán	recibirían

Present Subjunctive	Imperfect Subjunctive	Imperative	Present Participle	Past Participle
reciba	recibiera	recibe	recibiendo	recibido
recibas	recibieras	recibas*		
reciba	recibiera	recibid		
recibamos	recibiéramos	recibáis*		
recibáis	recibierais	reciba		
reciban	recibieran	reciban		

CREER

to believe

Creo que lloverá mañana por la tarde.
I believe it will rain tomorrow afternoon.

Present	Preterite	Imperfect	Future	Conditional
creo	creí	creía	creeré	creería
crees	creíste	creías	creerás	creerías
cree	creyó	creía	creerá	creería
creemos	creímos	creíamos	creeremos	creeríamos
creéis	creísteis	creíais	creeréis	creeríais
creen	creyeron	creían	creerán	creerían

Present Subjunctive	Imperfect Subjunctive	Imperative	Present Participle	Past Participle
crea	creyera	cree	creyendo	creído
creas	creyeras	creas*		
crea	creyera	creed		
creamos	creyéramos	creáis*		
creáis	creyerais	crea		
crean	creyeran	crean		

RECIBIR

to receive

Me alegro mucho cuando *recibo* regalos de mis amigos.

I am very happy when I receive gifts from my friends.

Present	Preterite	Imperfect	Future	Conditional
rechazo	rechacé	rechazaba	rechazaré	rechazaría
rechazas	rechazaste	rechazabas	recharzarás	rechazarías
rechaza	rechazó	rechazaba	rechazará	rechazaría
rechazamos	rechazamos	rechazábamos	rechazaremos	rechazaríamos
rezchasáis	rechazasteis	rechazabais	rechazaréis	rechazaríais
rechazan	rechazaron	rechazaban	rechazarán	rechazarían

Present Subjunctive	Imperfect Subjunctive	Imperative	Present Participle	Past Participle
rechace	rechazara	rechaza	rechazando	rechazado
rechaces	rechazaras	rechaces*		
rechace	rechazara	rechazad		
rechacemos	rechazáramos	rechacéis*		
rechacéis	rechazarais	rechace		
rechacen	rechazaran	rechacen		

CRUZAR

to cross

Cuando *cruces* la calle, mira a ambos lados.
When you cross the street, look both ways.

Present
cruzo
cruzas
cruza
cruzamos
cruzáis
cruzan

Preterite
crucé
cruzaste
cruzó
cruzamos
cruzasteis
cruzaron

Imperfect
cruzaba
cruzabas
cruzaba
cruzábamos
cruzabais
cruzaban

Future
cruzaré
cruzarás
cruzará
cruzaremos
cruzaréis
cruzarán

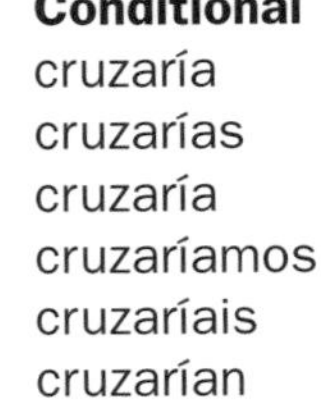

Conditional
cruzaría
cruzarías
cruzaría
cruzaríamos
cruzaríais
cruzarían

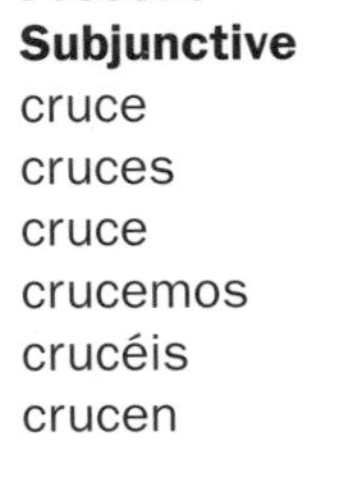

Present Subjunctive
cruce
cruces
cruce
crucemos
crucéis
crucen

Imperfect Subjunctive
cruzara
cruzaras
cruzara
cruzáramos
cruzarais
cruzaran

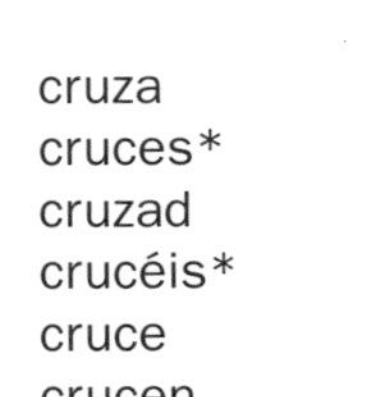

Imperative
cruza
cruces*
cruzad
crucéis*
cruce
crucen

Present Participle
cruzando

Past Participle
cruzado

RECHAZAR
to reject

El juez *rechazará* el caso por su falta de jurisdicción.
The judge will reject the law suit because of his lack of jurisdiction.

Present	Preterite	Imperfect	Future	Conditional
realizo	realicé	realizaba	realizaré	realizaría
realizas	realizaste	realizabas	realizarás	realizarías
realiza	realizó	realizaba	realizará	realizaría
realizamos	realizamos	realizábamos	realizaremos	realizaríamos
realizáis	realizasteis	realizabais	realizaréis	realizaríais
realizan	realizaron	realizaban	realizarán	realizarían

Present Subjunctive	Imperfect Subjunctive	Imperative	Present Participle	Past Participle
realice	realizara	realiza	realizando	realizado
realices	realizaras	realices*		
realice	realizara	realizad		
realicemos	realizáramos	realicéis*		
realicéis	realizarais	realice		
realicen	realizaran	realicen		

CUIDAR(SE)

to take care of; to take care

¿Quién *cuida* a los niños mientras sus padres trabajan?
Who takes care of the children while their parents work?

Present	Preterite	Imperfect	Future	Conditional
cuido	cuidé	cuidaba	cuidaré	cuidaría
cuidas	cuidaste	cuidabas	cuidarás	cuidarías
cuida	cuidó	cuidaba	cuidará	cuidaría
cuidamos	cuidamos	cuidábamos	cuidaremos	cuidaríamos
cuidáis	cuidasteis	cuidabais	cuidaréis	cuidaríais
cuidan	cuidaron	cuidaban	cuidarán	cuidarían

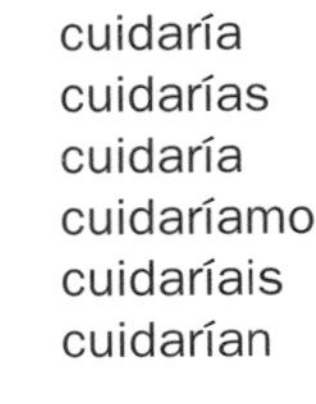

Present Subjunctive	Imperfect Subjunctive	Imperative	Present Participle	Past Participle
cuide	cuidara	cuida	cuidando	cuidado
cuides	cuidaras	cuides*		
cuide	cuidara	cuidad		
cuidemos	cuidáramos	cuidéis*		
cuidéis	cuidarais	cuide		
cuiden	cuidaran	cuiden		

REALIZAR

to carry out; to fulfill [realize a dream]

El joven *realizó* sus planes para el futuro.

The young man fulfilled his plans for the future.

CUMPLIR

to carry out; to be years old; to fulfill

El *cumple* los deseos de sus hijos.
He carries out his children's desires.

Present	Preterite	Imperfect	Future	Conditional
quito	quité	quitaba	quitaré	quitaría
quitas	quitaste	quitabas	quitarás	quitarías
quita	quitó	quitaba	quitará	quitaría
quitamos	quitamos	quitábamos	quitaremos	quitaríamos
quitáis	quitasteis	quitabais	quitaréis	quitaríais
quitan	quitaron	quitaban	quitarán	quitarían

Present Subjunctive	Imperfect Subjunctive	Imperative	Present Participle	Past Participle
quite	quitara	quita	quitando	quitado
quites	quitaras	quites*		
quite	quitara	quitad		
quitemos	quitáramos	quitéis*		
quitéis	quitarais	quite		
quiten	quitaran	quiten		

Present	Preterite	Imperfect	Future	Conditional
cumplo	cumplí	cumplía	cumpliré	cumpliría
cumples	cumpliste	cumplías	cumplirás	cumplirías
cumple	cumplió	cumplía	cumplirá	cumpliría
cumplimos	cumplimos	cumplíamos	cumpliremos	cumpliríamos
cumplís	cumplisteis	cumplíais	cumpliréis	cumpliríais
cumplen	cumplieron	cumplían	cumplirán	cumplirían

Present Subjunctive	Imperfect Subjunctive	Imperative	Present Participle	Past Participle
cumpla	cumpliera		cumpliendo	cumplido
cumplas	cumplieras	cumple		
cumpla	cumpliera	cumplas*		
cumplamos	cumpliéramos	cumplid		
cumpláis	cumplierais	cumpláis*		
cumplan	cumplieran	cumpla		
		cumplan		

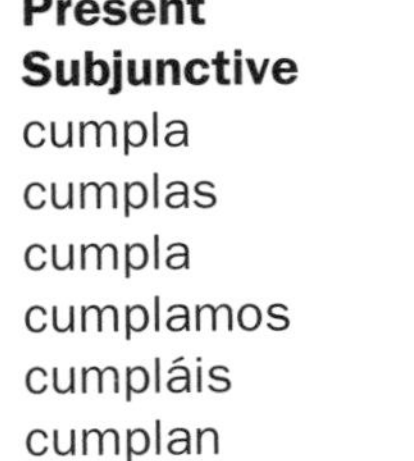

QUITAR(SE)

to take away; to remove; to take off [as with clothing]

No te *quites* el abrigo. Todavía hace mucho frío.

Don't take off your coat. It is still very cold.

Present	Preterite	Imperfect	Future	Conditional
quiero	quise	quería	querré	querría
quieres	quisiste	querías	querrás	querrías
quiere	quiso	quería	querrá	querría
queremos	quisimos	queríamos	querremos	querríamos
queréis	quisisteis	queríais	querréis	querríais
quieren	quisieron	querían	querrán	querrían

Present Subjunctive	Imperfect Subjunctive	Imperative	Present Participle	Past Participle
quiera	quisiera	quiere	queriendo	querido
quieras	quisieras	quieras*		
quiera	quisiera	quered		
queramos	quisiéramos	queráis*		
queráis	quisierais	quiera		
quieran	quisieran	quieran		

CURAR

to cure; to heal

La medicina *cura* al enfermo.
The medicine cures the sick person.

Present	Preterite	Imperfect	Future	Conditional
curo	curé	curaba	curaré	curaría
curas	curaste	curabas	curarás	curarías
cura	curó	curaba	curará	curaría
curamos	curamos	curábamos	curaremos	curaríamos
curáis	curasteis	curabais	curaréis	curaríais
curan	curaron	curaban	curarán	curarían

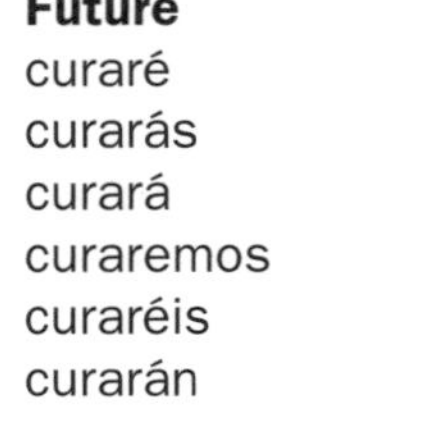
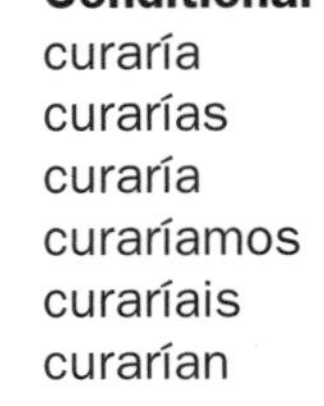

Present Subjunctive	Imperfect Subjunctive	Imperative	Present Participle	Past Participle
cure	curara	cura	curando	curado
cures	curaras	cures*		
cure	curara	curad		
curemos	curáramos	curéis*		
curéis	curarais	cure		
curen	curaran	curen		

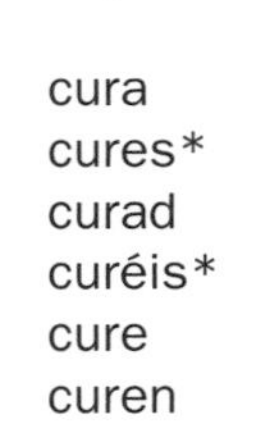

She wants to go to the party.
Ella *quiere* ir a la fiesta.

to want; to wish; to love

QUERER

Present	Preterite	Imperfect	Future	Conditional
quemo	quemé	quemaba	quemaré	quemaría
quemas	quemaste	quemabas	quemarás	quemarías
quema	quemó	quemaba	quemará	quemaría
quemamos	quemamos	quemábamos	quemaremos	quemaríamos
quemáis	quemasteis	quemabais	quemaréis	quemaríais
queman	quemaron	quemaban	quemarán	quemarían

Present Subjunctive	Imperfect Subjunctive	Imperative	Present Participle	Past Participle
queme	quemara	quema	quemando	quemado
quemes	quemaras	quemes*		
queme	quemara	quemad		
quememos	quemáramos	queméis*		
queméis	quemarais	queme		
quemen	quemaran	quemen		

DAÑAR

to harm; to damage

Las tormentas *dañaron* los árboles.
The storms damaged the trees.

Present	Preterite	Imperfect	Future	Conditional
daño	dañé	dañaba	dañaré	dañaría
dañas	dañaste	dañabas	dañarás	dañarías
daña	dañó	dañaba	dañará	dañaría
dañamos	dañamos	dañábamos	dañaremos	dañaríamos
dañáis	dañasteis	dañabais	dañaréis	dañaríais
dañan	dañaron	dañaban	dañarán	dañarían

Present Subjunctive	Imperfect Subjunctive	Imperative	Present Participle	Past Participle
dañe	dañara	daña	dañando	dañado
dañes	dañaras	dañes*		
dañe	dañara	dañad		
dañemos	dañáramos	dañéis*		
dañéis	dañarais	dañe		
dañen	dañaran	dañen		

The fire burned a large part of the forest.
El incendio *quemó* gran parte del bosque.

to burn

QUEMAR

Present	Preterite	Imperfect	Future	Conditional
quejo	quejé	quejaba	quejaré	quejaría
quejas	quejaste	quejabas	quejarás	quejarías
queja	quejó	quejaba	quejará	quejaría
quejamos	quejamos	quejábamos	quejaremos	quejaríamos
quejáis	quejasteis	quejabais	quejaréis	quejaríais
quejan	quejaron	quejaban	quejarán	quejarían

Present Subjunctive	Imperfect Subjunctive	Imperative	Present Participle	Past Participle
queje	quejara	queja	quejando	quejado
quejes	quejaras	quejes*		
queje	quejara	quejad		
quejemos	quejáramos	quejéis*		
quejéis	quejarais	queje		
quejen	quejaran	quejen		

DAR

To give

Le *di* el regalo a mi novia.
I gave my girlfriend the gift.

Present	Preterite	Imperfect	Future	Conditional
doy	di	daba	daré	daría
das	diste	dabas	darás	darías
da	dio	daba	dará	daría
damos	dimos	dábamos	daremos	daríamos
dais	disteis	dabais	daréis	daríais
dan	dieron	daban	darán	daŕian

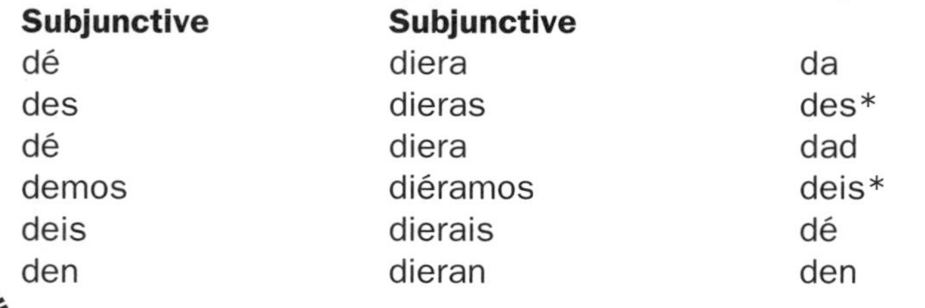

Present Subjunctive	Imperfect Subjunctive	Imperative	Present Participle	Past Participle
dé	diera	da	dando	dado
des	dieras	des*		
dé	diera	dad		
demos	diéramos	deis*		
deis	dierais	dé		
den	dieran	den		

QUEJAR(SE)

to complain

Nadie *se queja* de la tarea que el profesor da para el fin de semana.

No one complains about the homework the teacher gives for the weekend.

Present	Preterite	Imperfect	Future	Conditional
quedo	quedé	quedaba	quedaré	quedaría
quedas	quedaste	quedabas	quedarás	quedarías
queda	quedó	quedaba	quedará	quedaría
quedamos	quedamos	quedábamos	quedaremos	quedaríamos
quedáis	quedasteis	quedabais	quedaréis	quedaríais
quedan	quedaron	quedaban	quedarán	quedarían

Present Subjunctive	Imperfect Subjunctive	Imperative	Present Participle	Past Participle
quede	quedara	queda	quedando	quedado
quedes	quedaras	quedes*		
quede	quedara	quedad		
quedemos	quedáramos	quedéis*		
quedéis	quedarais	quede		
queden	quedaran	queden		

DEBER

should; to owe

Tú *debes* asistir a la escuela todos los días.
You should attend school every day.

Present	Preterite	Imperfect	Future	Conditional
debo	debí	debía	deberé	debería
debes	debiste	debías	deberás	deberías
debe	debió	debía	deberá	debería
debemos	debimos	debíamos	deberemos	deberíamos
debéis	debisteis	debíais	deberéis	deberíais
deben	debieron	debían	deberán	deberían

Present Subjunctive	Imperfect Subjunctive	Imperative	Present Participle	Past Participle
deba	debiera	debe	debiendo	debido
debas	debieras	debas*		
deba	debiera	debed		
debamos	debiéramos	debáis*		
debáis	debierais	deba		
deban	debieran	deban		

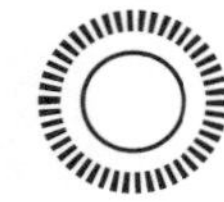

QUEDAR(SE)

to stay, to remain

Ernesto *se queda* en casa de sus padres cuando los visita.

Henry stays in his parents' house when he visits them.

DECIDIR

to decide

¿Quiénes *deciden* cuánto costará la cena?
Who decides how much the meal will cost?

Present	Preterite	Imperfect	Future	Conditional
quiebro	quebré	quebraba	quebraré	quebraría
quiebras	quebraste	quebrabas	quebrarás	quebrarías
quiebra	quebró	quebraba	quebrará	quebraría
quebramos	quebramos	quebrábamos	quebraremos	quebraríamos
quebráis	quebrasteis	quebrabais	quebraréis	quebraríais
quiebran	quebraron	quebraban	quebrarán	quebrarían

Present Subjunctive	Imperfect Subjunctive	Imperative	Present Participle	Past Participle
quiebre	quebrara	quiebra	quebrando	quebrado
quiebres	quebraras	quebres*		
quiebre	quebrara	quebrad		
quebremos	quebráramos	quebréis*		
quebréis	quebrarais	quiebre		
quiebren	quebraran	quiebren		

Present	Preterite	Imperfect	Future	Conditional
decido	decidí	decidía	decidiré	decidiría
decides	decidiste	decidías	decidirás	decidirías
decide	decidió	decidía	decidirá	decidiría
decidimos	decidimos	decidíamos	decidiremos	decidiríamos
decidís	decidisteis	decidíais	decidiréis	decidiríais
deciden	decidieron	decidían	decidirán	decidirían

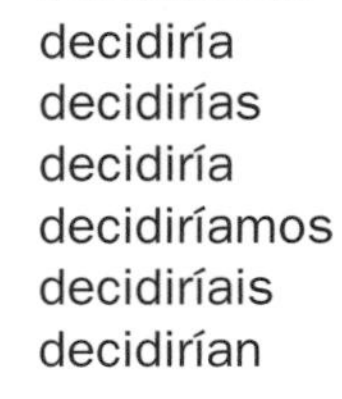

Present Subjunctive	Imperfect Subjunctive	Imperative	Present Participle	Past Participle
decida	decidiera	decide	decidiendo	decidido
decidas	decidieras	decidas*		
decida	decidiera	decidid		
decidamos	decidiéramos	decidáis*		
decidáis	decidierais	decida		
decidan	decidieran	decidan		

QUEBRAR

to break, to snap; to crack; to go bankrupt

Adela *quebró* el bastón de Bernarda.
Adela broke Bernarda's cane.

DECIR

to say, to tell

El alcalde *dijo* que no estaba a favor de nuevos impuestos.
The mayor said that he was not in favor of new taxes.

Present	Preterite	Imperfect	Future	Conditional
proveo	proveí	proveía	proveeré	proveería
provees	proveíste	proveías	proveerás	proveerías
provee	proveyó	proveía	proveerá	proveería
proveemos	proveímos	proveíamos	proveeremos	proveeríamos
proveéis	proveísteis	proveíais	proveeréis	proveeríais
proveen	proveyeron	proveían	proveerán	proveerían

Present Subjunctive	Imperfect Subjunctive	Imperative	Present Participle	Past Participle
provea	proveyera	provee	proveyendo	proveído;
proveas	proveyeras	proveas*		
provea	proveyera	proveed		
proveamos	proveyéramos	proveáis*		
proveáis	proveyerais	provea		
provean	proveyeran	provean		

Present	Preterite	Imperfect	Future	Conditional
digo	dije	decía	diré	diría
dices	dijiste	decías	dirás	dirías
dice	dijo	decía	dirá	diría
decimos	dijimos	decíamos	diremos	diríamos
decís	dijisteis	decíais	diréis	diríais
dicen	dijeron	decían	dirán	dirían

Present Subjunctive	Imperfect Subjunctive	Imperative	Present Participle	Past Participle
diga	dijera	di	diciendo	dicho
digas	dijeras	digas*		
diga	dijera	decid		
digamos	dijéramos	digáis*		
digáis	dijerais	diga		
digan	dijeran	digan		

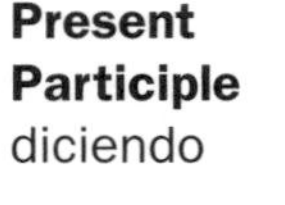

PROVEER

to provide

La familia nos *provee* con amor y felicidad.
The family provides us with love and happiness.

DEJAR

to allow; to let; to leave

Dejé mi cuaderno en la clase.
I left my notebook in class.

Present	Preterite	Imperfect	Future	Conditional
protejo	protegí	protegía	protegeré	protegería
proteges	protegiste	protegías	protegerás	protegerías
protege	protegió	protegía	protegerá	protegería
protegemos	protegimos	protegíamos	protegeremos	protegeríamos
protegéis	protegisteis	protegíais	protegeréis	protegeríais
protegen	protegieron	protegían	protegerán	protegerían

Present Subjunctive	Imperfect Subjunctive	Imperative	Present Participle	Past Participle
proteja	protegiera	protege	protegiendo	protegido
protejas	protegieras	protejas*		
proteja	protegiera	proteged		
protejamos	protegiéramos	protejáis*		
protejáis	protegierais	proteja		
protejan	protegieran	protejan		

Present	Preterite	Imperfect	Future	Conditional
dejo	dejé	dejaba	dejaré	dejaría
dejas	dejaste	dejabas	dejarás	dejarías
deja	dejó	dejaba	dejará	dejaría
dejamos	dejamos	dejábamos	dejaremos	dejaríamos
dejáis	dejasteis	dejabais	dejaréis	dejaríais
dejan	dejaron	debajan	dejarán	dejarían

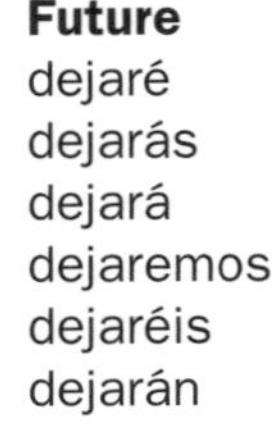

Present Subjunctive	Imperfect Subjunctive	Imperative	Present Participle	Past Participle
deje	dejara		dejando	dejado
dejes	dejaras	deja		
deje	dejara	dejes*		
dejemos	dejáramos	dejad		
dejéis	dejarais	dejéis*		
dejen	dejaran	deje		
		dejen		

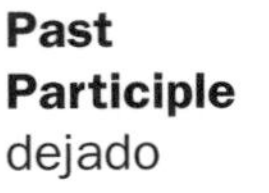

PROTEGER

to protect

Los árboles nos *protegen* de la intemperie.
The trees protect us from the elements.

Present	Preterite	Imperfect	Future	Conditional
prohíbo	prohibí	prohibía	prohibiré	prohibiría
prohíbes	prohibiste	prohibías	prohibirás	prohibirías
prohíbe	prohibió	prohibía	prohibirá	prohibiría
prohibimos	prohibimos	prohibíamos	prohibiremos	prohibiríamos
prohibís	prohibisteis	prohibíais	prohibiréis	prohibiríais
prohíben	prohibieron	prohibían	prohibirán	prohibiría

Present Subjunctive	Imperfect Subjunctive	Imperative	Present Participle	Past Participle
prohíba	prohibiera	prohíbe	prohibiendo	prohibido
prohíbas	prohibieras	prohíbas*		
prohíba	prohibiera	prohibid		
prohibamos	prohibiéramos	prohibáis*		
prohibáis	prohibierais	prohíba		
prohíban	prohibieran	prohíban		

DEMOSTRAR

to demonstrate

Mónica *demuestra* afición a la literatura.
Monica *demonstrates* a fondness for literature.

Present	Preterite	Imperfect	Future	Conditional
demuestro	demostré	demostraba	demostraré	demostraría
demuestras	demostraste	demostrabas	demostrarás	demostrarías
demuestra	demostró	demostraba	demostrará	demostraría
demostramos	demostramos	demostrábamos	demostraremos	demostraríamos
demostráis	demostrasteis	demostrabais	demostraréis	demostraríais
demuestran	demostraron	demostraban	demostrarán	demostrarían

Present Subjunctive	Imperfect Subjunctive	Imperative	Present Participle	Past Participle
demuestre	demostrara	demuestra	demostrando	demostrado
demuestres	demostraras	demuestres*		
demuestre	demostrara	demostrad		
demostremos	demostráramos	demostréis*		
demostréis	demostrarais	demuestre		
demuestren	demostraran	demuestren		

I prohibit you from telling lies.

Te *prohibo* que digas mentiras.

to prohibit, to forbid; to ban

PROHIBIR

Present	Preterite	Imperfect	Future	Conditional
produzco	produje	producía	produciré	produciría
produces	produjiste	producías	producirás	producirías
produce	produjo	producía	producirá	produciría
producimos	produjimos	producíamos	produciremos	produciríamos
producís	produjisteis	producíais	produciréis	produciríais
producen	produjeron	producían	producirán	producirían

Present Subjunctive	Imperfect Subjunctive	Imperative	Present Participle	Past Participle
produzca	produjera	produce	produciendo	producido
produzcas	produjeras	produzcas*		
produzca	produjera	producid		
produzcamos	produjéramos	produzcáis*		
produzcáis	produjerais	produzca		
produzcan	produjeran	produzcan		

DERRAMAR

to spill; to pour out; to scatter

Cuando ella sirvió la limonada, se le *derramó* un poco.
When she served the lemonade, she spilled a bit.

Present	Preterite	Imperfect	Future	Conditional
derramo	derramé	derramaba	derramaré	derramaría
derramas	derramaste	derramabas	derramarás	derramarías
derrama	derramó	derramaba	derramará	derramaría
derramamos	derramamos	derramábamos	derramaremos	derramaríam
derramáis	derramasteis	derramabais	derramaréis	derramaríais
derraman	derramaron	derramaban	derramarán	derramarían

Present Subjunctive	Imperfect Subjunctive	Imperative	Present Participle	Past Participle
derrame	derramara	derrama	derramando	derramado
derrames	derramaras	derrames*		
derrame	derramara	derramad		
derramemos	derramáramos	derraméis*		
derraméis	derramarais	derrame		
derramen	derramaran	derramen		

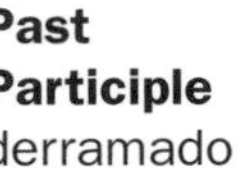

PRODUCIR

to produce; to yield; to generate

La fábrica *produce* más de mil automóviles cada mes.

The factory produces more than a thousand cars each month.

DESAYUNAR(SE)

to breakfast; to have for breakfast

Mi familia nunca *desayuna* huevos con tocino.
My family never has eggs and bacon for breakfast.

Present	**Preterite**	**Imperfect**	**Future**	**Conditional**
proclamo	proclamé	proclamaba	proclamaré	proclamaría
proclamas	proclamaste	proclamabas	proclamarás	proclamarías
proclama	proclamó	proclamaba	proclamará	proclamaría
proclamamos	proclamamos	proclamábamos	proclamaremos	proclamaríamos
proclamáis	proclamasteis	proclamabais	proclamaréis	proclamaríais
proclaman	proclamaron	proclamaban	proclamarán	proclamarían

Present Subjunctive	**Imperfect Subjunctive**	**Imperative**	**Present Participle**	**Past Participle**
proclame	proclamara	proclama	proclamando	proclamado
proclames	proclamaras	proclames*		
proclame	proclamara	proclamad		
proclamemos	proclamáramos	proclaméis*		
proclaméis	proclamarais	proclame		
proclamen	proclamaran	proclamen		

Present	Preterite	Imperfect	Future	Conditional
desayuno	desayuné	desayunaba	desayunaré	desayunaría
desayunas	desayunaste	desayunabas	desayunarás	desayunarías
desayuna	desayunó	desayunaba	desayunará	desayunaría
desayunamos	desayunamos	desayunábamos	desayunaremos	desayunaríamos
desayunáis	desayunasteis	desayunabais	desayunaréis	desayunaríais
desayunan	desayunaron	desayunaban	desayunarán	desayunarían

Present Subjunctive	Imperfect Subjunctive	Imperative	Present Participle	Past Participle
desayune	desayunara	desayuna	desayunando	desayunado
desayunes	desayunaras	desayunes*		
desayune	desayunara	desayunad		
desayunemos	desayunáramos	desayunéis*		
desayunéis	desayunarais	desayune		
desayunen	desayunaran	desayunen		

PROCLAMAR

to proclaim

El alcalde *proclamó* el primero del mes como día feriado.

The mayor proclaimed the first of the month as a holiday.

Present	Preterite	Imperfect	Future	Conditional
pruebo	probé	probaba	probaré	probaría
pruebas	probaste	probabas	propabarás	probarías
prueba	probó	probaba	probará	probaría
probamos	probamos	probábamos	probaremos	probaríamos
probáis	probasteis	probabais	probaréis	probaríais
prueban	probaron	probaban	probarán	probarían

Present Subjunctive	Imperfect Subjunctive	Imperative	Present Participle	Past Participle
pruebe	probara	prueba	probando	probado
pruebes	probaras	pruebes*		
pruebe	probara	probad		
probemos	probáramos	probéis*		
probéis	probarais	pruebe		
prueben	probaran	prueben		

DESCRIBIR

to describe

Te *describiré* el evento cuando vuelva.
I will describe the event to you when I return.

Present	Preterite	Imperfect	Future	Conditional
describo	describí	describía	describiré	describiría
describes	describiste	describías	describirás	describirías
describe	describió	describía	describirá	describiría
describimos	describimos	describíamos	describiremos	describiríamos
describís	describisteis	describíais	describiréis	describiríais
describen	describieron	describían	describirán	describirían

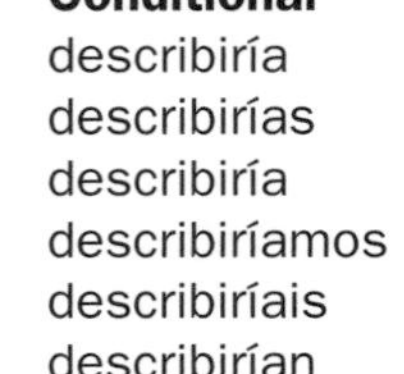

Present Subjunctive	Imperfect Subjunctive	Imperative	Present Participle	Past Participle
describa	describiera	describe	describiendo	descrito
describas	describieras	describas*		
describa	describiera	describid		
describamos	describiéramos	describáis*		
describáis	describierais	describa		
describan	describieran	describan		

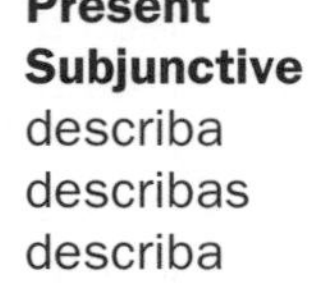

PROBAR

to prove; to test; to taste; to try

El hombre *probó* su inocencia en la corte.
The man proved his innocence in court.

(DES)CUBRIR

to (dis)cover

Colón *descubrió* el Nuevo Mundo en 1492.
Columbus discovered the New World in 1492.

Present	Preterite	Imperfect	Future	Conditional
prevengo	previne	prevenía	prevendré	prevendría
previenes	previniste	prevenías	prevendrás	prevendrías
previene	previno	prevenía	prevendrá	prevendría
prevenimos	previnimos	preveníamos	prevendremos	prevendríamos
prevenís	previnisteis	preveníais	prevendréis	prevendríais
previenen	previnieron	prevenían	prevendrán	prevendrían

Present Subjunctive	Imperfect Subjunctive	Imperative	Present Participle	Past Participle
prevenga	previniera	prevén	previniendo	prevenido
prevengas	previnieras	prevengas*		
prevenga	previniera	prevenid		
prevengamos	previniéramos	prevengáis*		
prevengáis	previnierais	prevenga		
prevengan	previnieran	prevengan		

Present	Preterite	Imperfect	Future	Conditional
descubro	descubrí	descubría	descubriré	descubriría
descubres	descubriste	descubrías	descubrirás	descubrirías
descubre	descubrió	descubría	descubrirá	descubriría
descubrimos	descubrimos	descubríamos	descubriremos	descubriríamos
descubrís	descubristeis	descubríais	descubriréis	descubriríais
descubren	descubrieron	descubrían	descubrirán	descubrirían

Present Subjunctive	Imperfect Subjunctive	Imperative	Present Participle	Past Participle
descubra	descubriera	descubre	descubriendo	descubierto
descubras	descubrieras	descubras*		
descubra	descubriera	descubrid		
descubramos	descubriéramos	descubráis*		
descubráis	descubrierais	descubra		
descubran	descubrieran	descubran		

PREVENIR

to prevent; to warn

Las vacunas *previenen* algunas enfermedades.
Vaccines prevent some diseases.

Present	Preterite	Imperfect	Future	Conditional
pretendo	pretendí	pretendía	pretenderé	pretendería
pretendes	pretendiste	pretendías	pretenderás	pretenderías
pretende	pretendió	pretendía	pretenderá	pretendería
pretendemos	pretendimos	pretendíamos	pretenderemos	pretenderíamos
pretendéis	pretendisteis	pretendíais	pretenderéis	pretenderíais
pretenden	pretendieron	pretendían	pretenderán	pretenderían

Present Subjunctive	Imperfect Subjunctive	Imperative	Present Participle	Past Participle
pretenda	pretendiera	pretende	pretendiendo	pretendido
pretendas	pretendieras	pretendas*		
pretenda	pretendiera	pretended		
pretendamos	pretendiéramos	pretendáis*		
pretendáis	pretendierais	pretenda		
pretendan	pretendieran	pretendan		

DESEAR

to wish; to desire; to want

Mis padres *desean* que yo siga la carrera de abogado.
My parents desire that I choose the law as a profession.

Present	Preterite	Imperfect	Future	Conditional
deseo	deseé	deseaba	desearé	desearía
deseas	deseaste	deseabas	desearás	desearías
desea	deseó	deseaba	deseará	desearía
deseamos	deseamos	deseábamos	desearemos	desearíamos
deseáis	deseasteis	deseabais	desearéis	desearíais
desean	desearon	deseaban	desearán	desearían

Present Subjunctive	Imperfect Subjunctive	Imperative	Present Participle	Past Participle
desee	deseara	desea	deseando	deseado
desees	desearas	desees*		
desee	deseara	desead		
deseemos	deseáramos	deseéis*		
deseéis	desearais	desee		
deseen	desearan	deseen		

PRETENDER

to endeavor; to try [to do something]; to court

¿Qué *pretendes* hacer con esos planes?
What are you trying to do with those plans?

DESHACER

to undo; to take apart, to break, to untie

Ella *deshizo* el nudo.
She undid the knot.

Present	**Preterite**	**Imperfect**	**Future**	**Conditional**
presto	presté	prestaba	prestaré	prestaría
prestas	prestaste	prestabas	prestarás	prestarías
presta	prestó	prestaba	prestará	prestaría
prestamos	prestamos	prestábamos	prestaremos	prestaríamos
prestáis	prestasteis	prestabais	prestaréis	prestaríais
prestan	prestaron	prestaban	prestarán	prestarían

Present Subjunctive	**Imperfect Subjunctive**	**Imperative**	**Present Participle**	**Past Participle**
preste	prestara	presta	prestando	prestado
prestes	prestaras	prestes*		
preste	prestara	prestad		
prestemos	prestáramos	prestéis*		
prestéis	prestarais	preste		
presten	prestaran	presten		

Present	Preterite	Imperfect	Future	Conditional
deshago	deshice	deshacía	desharé	desharía
deshaces	deshiciste	deshacías	desharás	desharías
deshace	deshizo	deshacía	deshará	desharía
deshacemos	deshicimos	deshacíamos	desharemos	desharíamos
deshacéis	deshicisteis	deshacíais	desharéis	desharíais
deshacen	deshicieron	deshacían	desharán	desharían

Present Subjunctive	Imperfect Subjunctive	Imperative	Present Participle	Past Participle
deshaga	deshiciera		deshaciendo	deshecho
deshagas	deshicieras	deshaz		
deshaga	deshiciera	deshagas*		
deshagamos	deshiciéramos	deshaced		
deshagáis	deshicierais	deshagáis*		
deshagan	deshicieran	deshaga		
		deshagan		

PRESTAR

to lend; to give; to render

Isabel me *prestó* su diccionario.
Elizabeth lent me her dictionary.

Present	Preterite	Imperfect	Future	Conditional
presento	presenté	presentaba	presentaré	presentaría
presentas	presentaste	presentabas	presentarás	presentarías
presenta	presentó	presentaba	presentará	presentaría
presentamos	presentamos	presentábamos	presentaremos	presentaríamos
presentáis	presentasteis	presentabais	presentaréis	presentaríais
presentan	presentaron	presentaban	presentarán	presentarían

Present Subjunctive	Imperfect Subjunctive	Imperative	Present Participle	Past Participle
presente	presentara	presenta	presentando	presentado
presentes	presentaras	presentes*		
presente	presentara	presentad		
presentemos	presentáramos	presentéis*		
presentéis	presentarais	presente		
presenten	presentaran	presenten		

DESMAYAR(SE)

to faint

La víctima del accidente *se desmayó* cuando chocó el coche.
The accident victim fainted when he crashed the car.

Present	Preterite	Imperfect	Future	Conditional
desmayo	desmayé	desmayaba	desmayaré	desmayaría
desmayas	desmayaste	desmayabas	desmayarás	desmayarías
desmaya	desmayó	desmayaba	desmayará	desmayaría
desmayamos	desmayamos	desmayábamos	desmayaremos	desmayaríamos
desmayáis	desmayasteis	desmayabais	desmayaréis	desmayaríais
desmayan	desmayaron	desmayaban	desmayarán	desmayarían

Present Subjunctive	Imperfect Subjunctive	Imperative	Present Participle	Past Participle
desmaye	desmayara	desmaya	desmayando	desmayado
desmayes	desmayaras	desmayes*		
desmaye	desmayara	desmayad		
desmayemos	desmayáramos	desmayéis*		
desmayéis	desmayarais	desmaye		
desmayen	desmayaran	desmayen		

The student presented his project in class.
El alumno *presentó* su proyecto en la clase.

to present

PRESENTAR

DESPACHAR

to send off; to dismiss; to settle; to serve

Voy a *despachar* su pedido enseguida.
I will send off your order immediately.

Present	**Preterite**	**Imperfect**	**Future**	**Conditional**
preparo	preparé	preparaba	prepararé	prepararía
preparas	preparaste	preparabas	prepararás	prepararías
prepara	preparó	preparaba	preparará	prepararía
preparamos	preparamos	preparábamos	prepararemos	prepararíamos
preparáis	preparasteis	preparabais	prepararéis	prepararíais
preparan	prepararon	preparaban	prepararán	prepararían

Present Subjunctive	**Imperfect Subjunctive**	**Imperative**	**Present Participle**	**Past Participle**
prepare	preparara	prepara	preparando	preparado
prepares	prepararas	prepares*		
prepare	preparara	preparad		
preparemos	preparáramos	preparéis*		
preparéis	prepararais	prepare		
preparen	prepararan	preparen		

Present	Preterite	Imperfect	Future	Conditional
despacho	despaché	despachaba	despacharé	despacharía
despachas	despachaste	despachabas	despacharás	despacharías
despacha	despachó	despachaba	despachará	despacharía
despachamos	despachamos	despachábamos	despacharemos	despacharíamos
despacháis	despachasteis	despachabais	despacharéis	despacharíais
despachan	despacharon	despachaban	despacharán	despacharían

Present Subjunctive	Imperfect Subjunctive	Imperative	Present Participle	Past Participle
despache	despachara		despachando	despachado
despaches	despacharas	despacha		
despache	despachara	despaches*		
despachemos	despacháramos	despachad		
despachéis	despacharais	despachéis*		
despachen	despacharan	despache		
		despachen		

PREPARAR

to prepare

El cocinero *preparó* una cena magnífica.
The chef prepared a magnificent dinner.

Present	Preterite	Imperfect	Future	Conditional
preocupo	preocupé	preocupaba	preocuparé	preocuparía
preocupas	preocupaste	preocupabas	preocuparás	preocuparías
preocupa	preocupó	preocupaba	preocupará	preocuparía
preocupamos	preocupamos	preocupábamos	preocuparemos	preocuparíamos
preocupáis	preocupasteis	preocupabais	preocuparéis	preocuparíais
preocupan	preocuparon	preocupaban	preocuparán	preocuparían

Present Subjunctive	Imperfect Subjunctive	Imperative	Present Participle	Past Participle
preocupe	preocupara	preocupa	preocupando	preocupado
preocupes	preocuparas	preocupes*		
preocupe	preocupara	preocupad		
preocupemos	preocupáramos	preocupéis*		
preocupéis	preocuparais	preocupe		
preocupen	preocuparan	preocupen		

DESPEDIR(SE)

to bid farewell; to say goodbye

No *te despedidas* hasta que se termine la cena.
Don’t say goodbye until the meal is over.

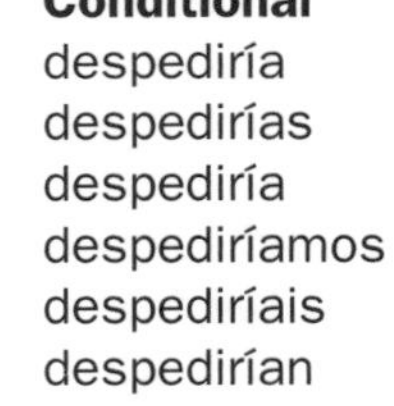

Present	Preterite	Imperfect	Future	Conditional
despido	despedí	despedía	despediré	despediría
despides	despediste	despedías	despedirás	despedirías
despide	despidió	despedía	despedirá	despediría
despedimos	despedimos	despedíamos	despediremos	despediríamos
despedís	despedisteis	despedíais	despediréis	despediríais
despiden	despidieron	despedían	despedirán	despedirían

Present Subjunctive	Imperfect Subjunctive	Imperative	Present Participle	Past Participle
despida	despidiera	despide	despidiendo	despedido
despidas	despidieras	despidas*		
despida	despidiera	despedid		
despidamos	despidiéramos	despidáis*		
despidáis	despidierais	despida		
despidan	despidieran	despidan		

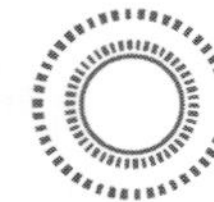

PREOCUPAR(SE)

to worry, to be concerned

Ella *se preocupa* por su familia.
She worries about her family.

DESTACAR

to stand out; to emphasize; to highlight

La actriz se *destaca* en su papel de Dulcinea.
The actress is *outstanding* in her role of Dulcinea.

Present	Preterite	Imperfect	Future	Conditional
pregunto	pregunté	preguntaba	preguntaré	preguntaría
preguntas	preguntaste	preguntabas	preguntarás	preguntarías
pregunta	preguntó	preguntaba	preguntará	preguntaría
preguntamos	preguntamos	preguntábamos	preguntaremos	preguntaríamos
preguntáis	preguntasteis	preguntabais	preguntaréis	preguntaríais
preguntan	preguntaron	preguntaban	preguntarán	preguntarían

Present Subjunctive	Imperfect Subjunctive	Imperative	Present Participle	Past Participle
pregunte	preguntara	pregunta	preguntando	preguntado
preguntes	preguntaras	preguntes*		
pregunte	preguntara	preguntad		
preguntemos	preguntáramos	preguntéis*		
preguntéis	preguntarais	pregunte		
pregunten	preguntaran	pregunten		

Present	Preterite	Imperfect	Future	Conditional
destaco	destaqué	destacaba	destacaré	destacaría
destacas	destacaste	destacabas	destacarás	destacarías
destaca	destacó	destacaba	destacará	destacaría
destacamos	destacamos	destacábamos	destacaremos	destacaríamos
destacáis	destacasteis	destacabais	destacaréis	destacaríais
destacan	destacaron	destacaban	destacarán	destacarían

Present Subjunctive	Imperfect Subjunctive	Imperative	Present Participle	Past Participle
destaque	destacara	destaca	destacando	destacado
destaques	destacaras	destaques*		
destaque	destacara	destacad		
destaquemos	destacáramos	destaquéis*		
destaquéis	destacarais	destaque		
destaquen	destacaran	destaquen		

PREGUNTAR

to ask (a question); to ask about

El padre se *pregunta*, "¿Qué hora será?"
The father asks himself, "I wonder what time it is?"

DESTRUIR

to destroy; to ruin

El ingeniero *destruyó* los edificios mal construidos.
The engineer destroyed the poorly constructed buildings.

Present	Preterite	Imperfect	Future	Conditional
prefiero	preferí	prefería	preferiré	preferiría
prefieres	preferiste	preferías	preferirás	preferirías
prefiere	prefirió	prefería	preferirá	preferiría
preferimos	preferimos	preferíamos	preferiremos	preferiríamos
preferís	preferisteis	preferíais	preferiréis	preferiríais
prefieren	prefirieron	preferían	preferirán	preferirían

Present Subjunctive	Imperfect Subjunctive	Imperative	Present Participle	Past Participle
prefiera	prefiriera	prefiere	prefiriendo	preferido
prefieras	prefirieras	prefieras*		
prefiera	prefiriera	preferid		
prefiramos	prefiriéramos	prefiráis*		
prefiráis	prefirierais	prefiera		
prefieran	prefirieran	prefieran		

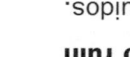

Present
destruyo
destruyes
destruye
destruimos
destruís
destruyen

Preterite
destruí
destruiste
destruyó
destruimos
destruisteis
destruyeron

Imperfect
destruía
destruías
destruía
destruíamos
destruíais
destruían

Future
destruiré
destruirás
destruirá
destruiremos
destruiréis
destruirán

Conditional
destruiría
destruirías
destruiría
destruiríamos
destruiríais
destruirían

Present Subjunctive
destruya
destruyas
destruya
destruyamos
destruyáis
destruyan

Imperfect Subjunctive
destruyera
destruyeras
destruyera
destruyéramos
destruyerais
destruyeran

Imperative

destruye
destruyas*
destruid
destruyáis*
destruya
destruyan

Present Participle
destruyendo

Past Participle
destruido

PREFERIR

to prefer

Mis amigos *prefieren* que yo los visite el año que viene.
My friends prefer that I visit them next year.

DETENER(SE)

to stop; to detain; to stop oneself

Detente en la esquina.
Stop at the corner.

Present	Preterite	Imperfect	Future	Conditional
predigo	predije	predecía	predeciré	predeciría
predices	predijiste	predecías	predecirás	predecirías
predice	predijo	predecía	predecirá	predeciría
predecimos	predijimos	predecíamos	predeciremos	predeceríamos
predecís	predijisteis	predecíais	predeciréis	predeciríais
predicen	predijeron	predecían	predecirán	predecirían

Present Subjunctive	Imperfect Subjunctive	Imperative	Present Participle	Past Participle
prediga	predijera	predice	prediciendo	predicho
predigas	predijeras	predigas*		
prediga	predijera	predecid		
predigamos	predijéramos	predigáis*		
predigáis	predijerais	prediga		
predigan	predijeran	predigan		

Present	Preterite	Imperfect	Future	Conditional
detengo	detuve	detenía	detendré	detendría
detienes	detuviste	detenías	dentendrás	detendrías
detiene	detuvo	detenía	detendrá	detendría
detenemos	detuvimos	deteníamos	detendremos	detendríamos
detenéis	detuvisteis	deteníais	detendréis	detendríais
detienen	detuvieron	detenían	detendrán	detendrían

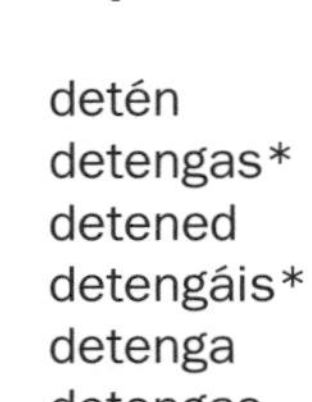

Present Subjunctive	Imperfect Subjunctive	Imperative	Present Participle	Past Participle
detenga	detuviera	detén	deteniendo	detenido
detengas	detuvieras	detengas*		
detenga	detuviera	detened		
detengamos	detuviéramos	detengáis*		
detengáis	detuvierais	detenga		
detengan	detuvieran	detengas		

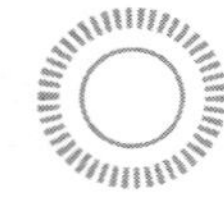

PREDECIR

to predict; to foretell

La mujer *predijo* que la catástrofe ocurriría.

The woman predicted that the catastrophe would occur.

DEVOLVER

to return, to give back; to send back

El príncipe le *devolvió* la zapatilla de cristal a la Cenicienta.
The prince returned the crystal shoe to Cinderella.

Present	Preterite	Imperfect	Future	Conditional
practico	practiqué	practicaba	practicaré	practicaría
practicas	practicaste	practicabas	practicarás	practicarías
practica	practicó	practicaba	practicará	practicaría
practicamos	practicamos	practicábamos	practicaremos	practicaríamos
practicáis	practicasteis	practicabais	practicaréis	practicaríais
practican	practicaron	practicaban	practicarán	practicarían

Present Subjunctive	Imperfect Subjunctive	Imperative	Present Participle	Past Participle
practique	practicara	practica	practicando	practicado
practiques	practicaras	practiques*		
practique	practicara	practicad		
practiquemos	practicáramos	practiquéis*		
practiquéis	practicarais	practique		
practiquen	practicaran	practiquen		

Present	Preterite	Imperfect	Future	Conditional
devuelvo	devolví	devolvía	devolveré	devolvería
devuelves	devolviste	devolvías	devolverás	devolverías
devuelve	devolvió	devolvía	devolverá	devolvería
devolvemos	devolvimos	devolvíamos	devolveremos	devolveríamos
devolvéis	devolvisteis	devolvíais	devolveréis	devolveríais
devuelven	devolvieron	devolvían	devolverán	devolverían

Present Subjunctive	Imperfect Subjunctive	Imperative	Present Participle	Past Participle
devuelva	devolviera	devuelve	devolviendo	devuelto
devuelvas	devolvieras	devuelvas*		
devuelva	devolviera	devolved		
devolvamos	devolviéramos	devolváis*		
devolváis	devolvierais	devuelva		
devuelvan	devolvieran	devuelan		

PRACTICAR

to practice; to rehearse

Luis *practica* sus lecciones de piano.
Louis practices his piano lessons.

Present	Preterite	Imperfect	Future	Conditional
poseo	poseí	poseía	poseeré	poseería
posees	poseíste	poseías	poseerás	poseerías
posee	poseyó	poseía	poseerá	poseería
poseemos	poseímos	poseíamos	poseeremos	poseeríamos
poseéis	poseísteis	poseíais	poseeréis	poseeríais
poseen	poseyeron	poseían	poseerán	poseerían

Present Subjunctive	Imperfect Subjunctive	Imperative	Present Participle	Past Participle
posea	poseyera	posee	poseyendo	poseído
poseas	poseyeras	poseas*		
posea	poseyera	poseed		
poseamos	poseyéramos	poseáis*		
poseáis	poseyerais	posea		
posean	poseyeran	posean		

DIBUJAR

to draw

La clase de arte *dibuja* todos los días.
The art class draws every day.

Present	Preterite	Imperfect	Future	Conditional
dibujo	dibujé	dibujaba	dibujaré	dibujaría
dibujas	dibujaste	dibujabas	dibujarás	dibujarías
dibuja	dibujó	dibujaba	dibujará	dibujaría
dibujamos	dibujamos	dibujábamos	dibujaremos	dibujaríamos
dibujáis	dibujasteis	dibujabais	dibujaréis	dibujaríais
dibujan	dibujaron	dibujaban	dibujarán	dibujarían

Present Subjunctive	Imperfect Subjunctive	Imperative	Present Participle	Past Participle
dibuje	dibujara	dibuja	dibujando	dibujado
dibujes	dibujaras	dibujes*		
dibuje	dibujara	dibujad		
dibujemos	dibujáramos	dibujéis*		
dibujéis	dibujarais	dibuje		
dibujen	dibujaran	dibujen		

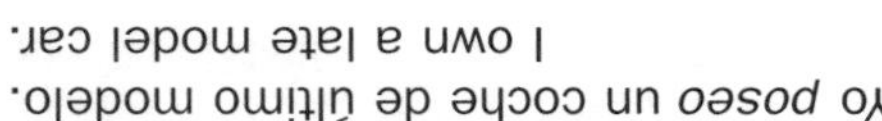

POSEER

to possess; to own

Yo *poseo* un coche de último modelo.
I own a late model car.

DIRIGIR

to direct; to lead

Uno de los estudiantes *dirigió* el drama de la clase del cuarto año.
One of the students directed the senior class play.

Present	Preterite	Imperfect	Future	Conditional
pongo	puse	ponía	pondré	pondría
pones	pusiste	ponías	pondrás	pondrías
pone	puso	ponía	pondrá	pondría
ponemos	pusimos	poníamos	pondremos	pondríamos
ponéis	pusisteis	poníais	pondréis	pondríais
ponen	pusieron	ponían	pondrán	pondrían

Present Subjunctive	Imperfect Subjunctive	Imperative	Present Participle	Past Participle
ponga	pusiera	pon	poniendo	puesto
pongas	pusieras	pongas*		
ponga	pusiera	poned		
pongamos	pusiéramos	pongáis*		
pongáis	pusierais	ponga		
pongan	pusieran	pongan		

Present	Preterite	Imperfect	Future	Conditional
dirijo	dirigí	dirigía	dirigiré	dirigiría
diriges	dirigiste	dirigías	dirigirás	dirigirías
dirige	dirigió	dirigía	dirigirá	dirigiría
dirigimos	dirigimos	dirigíamos	dirigiremos	dirigiríamos
dirigís	dirigisteis	dirigíais	dirgiréis	dirigiríais
dirigen	dirigieron	dirigían	dirigirán	dirigirían

Present Subjunctive	Imperfect Subjunctive	Imperative	Present Participle	Past Participle
dirija	dirigiera		dirigiendo	dirigido
dirijas	dirigieras	dirige		
dirija	dirigiera	dirijas*		
dirijamos	dirigiéramos	dirigid		
dirijáis	dirigierais	dirijáis*		
dirijan	dirigieran	dirija		
		dirijan		

PONER

to put; to place

¿Dónde *pondremos* los libros?
Where will we put the books?

DISCUTIR

to discuss; to argue

Los representantes *discuten* los cambios que han hecho a la asociación.
The representatives discuss the changes made to the association.

Present	**Preterite**	**Imperfect**	**Future**	**Conditional**
puedo	pude	podía	podré	podría
puedes	pudiste	podías	podrás	podrías
puede	pudo	podía	podrá	podría
podemos	pudimos	podíamos	podremos	podríamos
podéis	pudisteis	podíais	podréis	podríais
pueden	pudieron	podían	podrán	podrían

Present Subjunctive	**Imperfect Subjunctive**	**Imperative**	**Present Participle**	**Past Participle**
pueda	pudiera	puede	pudiendo	podido
puedas	pudieras	puedas*		
pueda	pudiera	poded		
podamos	pudiéramos	podáis*		
podáis	pudierais	pueda		
puedan	pudieran	puedan		

Present	Preterite	Imperfect	Future	Conditional
discuto	discutí	discutía	discutiré	discutiría
discutes	discutiste	discutías	discutirás	discutirías
discute	discutió	discutía	discutirá	discutiría
discutimos	discutimos	discutíamos	discutiremos	discutiríamos
discutís	discutisteis	discutíais	discutiréis	discutiríais
discuten	discutieron	discutían	discutirán	discutirían

Present Subjunctive	Imperfect Subjunctive	Imperative	Present Participle	Past Participle
discuta	discutiera	discute	discutiendo	discutido
discutas	discutieras	discutas*		
discuta	discutiera	discutid		
discutamos	discutiéramos	discutáis*		
discutáis	discutierais	discuta		
discutan	discutiera	discutan		

PODER

to be able to; can

¿Quién *puede* arreglar mi ordenador?
Who can fix my computer?

DISMINUIR

to diminish, to reduce, to lessen

Su falta de cooperación *disminuye* la importancia de su trabajo.
Her lack of cooperation diminishes the importance of her work.

Present	Preterite	Imperfect	Future	Conditional
platico	platiqué	platicaba	platicaré	platicaría
platicas	platicaste	platicabas	platicarás	platicarías
platica	platicó	platicaba	platicará	platicaría
platicamos	platicamos	platicábamos	platicaremos	platicaríamos
platicáis	platicasteis	platicabais	platicaréis	platicaríais
platican	platicaron	platicaban	platicarán	platicarían

Present Subjunctive	Imperfect Subjunctive	Imperative	Present Participle	Past Participle
platique	platicara	platica	platicando	platicado
platiques	platicaras	platiques*		
platique	platicara	platicad		
platiquemos	platicáramos	platiquéis*		
platiquéis	platicarais	platique		
platiquen	platicaran	platiquen		

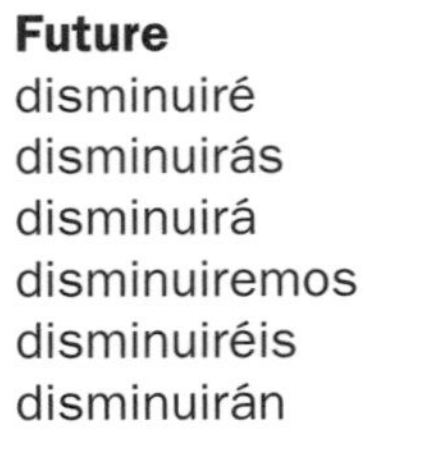
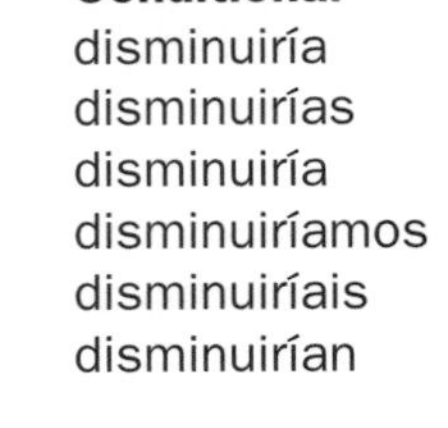

Present	Preterite	Imperfect	Future	Conditional
disminuyo	disminuí	disminuía	disminuiré	disminuiría
disminuyes	disminuiste	disminuías	disminuirás	disminuirías
disminuye	disminuyó	disminuía	disminuirá	disminuiría
disminuimos	disminuimos	disminuíamos	disminuiremos	disminuiríamos
disminuís	disminuisteis	disminuíais	disminuiréis	disminuiríais
disminuyen	disminuyeron	disminuían	disminuirán	disminuirían

Present Subjunctive	Imperfect Subjunctive	Imperative	Present Participle	Past Participle
disminuya	disminuyera	disminuye	disminuyendo	disminuido
disminuyas	disminuyeras	disminuyas*		
disminuya	disminuyera	disminuid		
disminuyamos	disminuyéramos	disminuyáis*		
disminuyáis	disminuyerais	disminuya		
disminuyan	disminuyeran	disminuyan		

PLATICAR

to chat; to talk; to tell

Mi madre y mi tía *platican* todas las tardes.
My mother and my aunt chat every afternoon.

DISTINGUIR

to distinguish; to make out [see]; to honor

Ella se *distinguió* por sus méritos escolares.
She distinguished herself because of her scholastic achievements.

Present	Preterite	Imperfect	Future	Conditional
piso	pisé	pisaba	pisaré	pisaría
pisas	pisaste	pisabas	pisarás	pisarías
pisa	pisó	pisaba	pisará	pisaría
pisamos	pisamos	pisábamos	pisaremos	pisaríamos
pisáis	pisasteis	pisabais	pisaréis	pisaríais
pisan	pisaron	pisaban	pisarán	pisarían

Present Subjunctive	Imperfect Subjunctive	Imperative	Present Participle	Past Participle
pise	pisara	pisa	pisando	pisado
pises	pisaras	pises*		
pise	pisara	pisad		
pisemos	pisáramos	piséis*		
piséis	pisarais	pise		
pisen	pisaran	pisen		

Present	Preterite	Imperfect	Future	Conditional
distingo	distinguí	distinguía	distinguiré	distinguiría
distingues	distinguiste	distinguías	distinguirás	distinguirías
distingue	distinguió	distinguía	distinguirá	distinguiría
distinguimos	distinguimos	distinguíamos	distinguiremos	distinguiríamos
distinguís	distinguisteis	distinguíais	distinguiréis	distinguiríais
distinguen	distinguieron	distinguían	distinguirán	distinguirían

Present Subjunctive	Imperfect Subjunctive	Imperative	Present Participle	Past Participle
distinga	distinguiera	distingue	distinguiendo	distinguido
distingas	distinguieras	distingas*		
distinga	distinguiera	distinguid		
distingamos	distinguiéramos	distingáis*		
distingáis	distinguierais	distinga		
distingan	distinguieran	distingan		

PISAR

to step on; to tread

Daniel, no le *pises* los pies a María cuando bailes con ella.

Daniel, don't step on Mary's feet when you dance with her.

DIVERTIR(SE)

to enjoy oneself, to have a good time

Los amigos *se divierten* mirando la televisión.
The friends enjoy themselves watching television.

Present	**Preterite**	**Imperfect**	**Future**	**Conditional**
pinto	pinté	pintaba	pintaré	pintaría
pintas	pintaste	pintabas	pintarás	pintarías
pinta	pintó	pintaba	pintará	pintaría
pintamos	pintamos	pintábamos	pintaremos	pintaríamos
pintáis	pintasteis	pintabais	pintaréis	pintaríais
pintan	pintaron	pintaban	pintarán	pintarían

Present Subjunctive	**Imperfect Subjunctive**	**Imperative**	**Present Participle**	**Past Participle**
pinte	pintara	pinta	pintando	pintado
pintes	pintaras	pintes*		
pinte	pintara	pintad		
pintemos	pintáramos	pintéis*		
pintéis	pintarais	pinte		
pinten	pintaran	pinten		

Present	Preterite	Imperfect	Future	Conditional
divierto	divertí	divertía	divertiré	divertiría
diviertes	divertiste	divertías	divertirás	divertirías
divierte	divirtió	divertía	divertirá	divertiría
divertimos	divertimos	divertíamos	divertiremos	divertiríamos
divertís	divertisteis	divertíais	divertiréis	divertiríais
divierten	divirtieron	divertían	divertirán	divertirían

Present Subjunctive	Imperfect Subjunctive	Imperative	Present Participle	Past Participle
divierta	divirtiera	divierte	divirtiendo	divertido
diviertas	divirtieras	diviertas*		
divierta	divirtiera	divertid		
divirtamos	divirtiéramos	divirtáis*		
divirtáis	divirtierais	divierta		
diviertan	divirtieran	diviertan		

PINTAR(SE)

to paint; to draw; to put on makeup

Velázquez *pintó* los cuadros de la familia real.
Velázquez painted the portraits of the royal family.

Present	Preterite	Imperfect	Future	Conditional
pesco	pesqué	pescaba	pescaré	pescaría
pescas	pescaste	pescabas	pescarás	pescarías
pesca	pescó	pescaba	pescará	pescaría
pescamos	pescamos	pescábamos	pescaremos	pescaríamos
pescáis	pescasteis	pescabais	pescaréis	pescaríais
pescan	pescaron	pescaban	pescarán	pescarían

Present Subjunctive	Imperfect Subjunctive	Imperative	Present Participle	Past Participle
pesque	pescara	pesca	pescando	pescado
pesques	pescaras	pesques*		
pesque	pescara	pescad		
pesquemos	pescáramos	pesquéis*		
pesquéis	pescarais	pesque		
pesquen	pescaran	pesquen		

DIVIDIR

to divide; to split; to separate

El profesor *dividió* la clase en dos grupos.
The teacher divided the class into two groups.

Present	Preterite	Imperfect	Future	Conditional
divido	dividí	dividía	dividiré	dividiría
divides	dividiste	dividías	dividirás	dividirías
divide	dividió	dividía	dividirá	dividiría
dividimos	dividimos	dividíamos	dividiremos	dividiríamos
dividís	dividisteis	dividíais	dividiréis	dividiríais
dividen	dividieron	dividían	dividirán	dividirían

Present Subjunctive	Imperfect Subjunctive	Imperative	Present Participle	Past Participle
divida	dividiera	divide	dividiendo	dividido
dividas	dividieras	dividas*		
divida	dividiera	dividid		
dividamos	dividiéramos	dividáis*		
dividáis	dividierais	divida		
dividan	dividieran	dividan		

PESCAR

to fish; to catch

La familia *pescará* durante sus vacaciones.
The family will fish during their vacation.

Present	Preterite	Imperfect	Future	Conditional
peso	pesé	pesaba	pesaré	pesaría
pesas	pesaste	pesabas	pesarás	pesarías
pesa	pesó	pesaba	pesará	pesaría
pesamos	pesamos	pesábamos	pesaremos	pesaríamos
pesáis	pesasteis	pesabais	pesaréis	pesaríais
pesan	pesaron	pesaban	pesarán	pesarían

Present Subjunctive	Imperfect Subjunctive	Imperative	Present Participle	Past Participle
pese	pesara	pesa	pesando	pesado
peses	pesaras	peses*		
pese	pesara	pesad		
pesemos	pesáramos	peséis*		
peséis	pesarais	pese		
pesen	pesaran	pesen		

DOBLAR

to double; to turn; to fold

Los chicos *doblaron* a la derecha en la esquina.
The boys turned right at the corner.

Present	Preterite	Imperfect	Future	Conditional
doblo	doblé	doblaba	doblaré	doblaría
doblas	doblaste	doblabas	doblarás	doblarías
dobla	dobló	doblaba	doblará	doblaría
doblamos	doblamos	doblábamos	doblaremos	doblaríamos
dobláis	doblasteis	doblabais	doblaréis	doblaríais
doblan	doblaron	doblaban	doblarán	doblarían

Present Subjunctive	Imperfect Subjunctive	Imperative	Present Participle	Past Participle
doble	doblara	dobla	doblando	doblado
dobles	doblaras	dobles*		
doble	doblara	doblad		
doblemos	dobláramos	dobléis*		
dobléis	doblarais	doble		
doblen	doblaran	doblen		

PESAR

to weigh; to cause grief

El paquete *pesa* dos kilos.
The package weighs two kilos.

Present	Preterite	Imperfect	Future	Conditional
pertenezco	pertenecí	pertenecía	perteneceré	pertenecería
perteneces	perteneciste	pertenecías	pertenecerás	pertenecerías
pertenence	perteneció	pertenecía	pertenecerá	pertenecería
pertenecemos	pertenecimos	pertenecíamos	perteneceremos	perteneceríamos
pertenecéis	pertenecisteis	pertenecíais	perteneceréis	perteneceríais
pertenecen	pertenecieron	pertenecían	pertenecerán	pertenecerían

Present Subjunctive	Imperfect Subjunctive	Imperative	Present Participle	Past Participle
pertenezca	perteneciera	pertenece	perteneciendo	pertenecido
pertenezcas	pertenecieras	pertenezcas*		
pertenezca	perteneciera	perteneced		
pertenezcamos	perteneciéramos	pertenezcáis*		
pertenezcáis	pertenecierais	pertenezca		
pertenezcan	pertenecieran	pertenezcan		

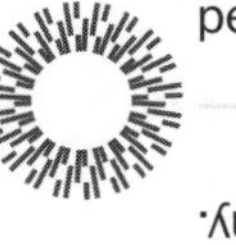

DORMIR

to sleep

Duermo tarde todos los sábados.
I sleep late every Saturday.

Present	Preterite	Imperfect	Future	Conditional
duermo	dormí	dormía	dormiré	dormiría
duermes	dormiste	dormías	dormirás	dormirías
duerme	durmió	dormía	dormirá	dormiría
dormimos	dormimos	dormíamos	dormiremos	dormiríamos
dormís	dormisteis	dormíais	dormiréis	dormiríais
duermen	durmieron	dormían	dormirán	dormirían

Present Subjunctive	Imperfect Subjunctive	Imperative	Present Participle	Past Participle
duerma	durmiera		durmiendo	dormido
duermas	durmieras	duerme		
duerma	durmiera	duermas*		
durmamos	durmiéramos	dormid		
durmáis	durmierais	durmáis*		
duerman	durmieran	duerma		
		duerman		

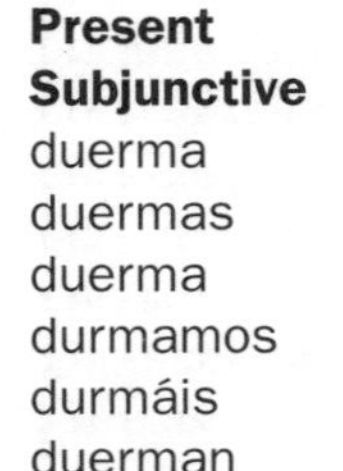

PERTENECER

to belong

El libro le *pertenece* al joven.

The book belongs to the young man.

Present	Preterite	Imperfect	Future	Conditional
personifico	personifiqué	personificaba	personificaré	personificaría
personificas	personificaste	personificabas	personificarás	personificarías
personifica	personifcó	personificaba	personificará	personificaría
personificamos	personificamos	personificábamos	personificaremos	personificaríamos
personificáis	personificasteis	personificabais	personificaréis	personificaríais
personifican	personificaron	personificaban	personificarán	personficarían

Present Subjunctive	Imperfect Subjunctive	Imperative	Present Participle	Past Participle
personifique	personficara	personifica	personificando	personificado
personifiques	personificaras	personifiques*		
personifique	personificara	personificad		
personifiquemos	personificáramos	personifiquéis*		
personifiquéis	personificarais	personifique		
personifiquen	personificaran	personifiquen		

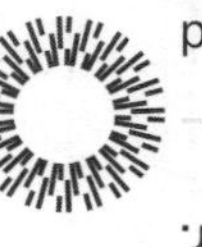

DUDAR

to doubt

Julieta *duda* que su padre le compre un coche.
Juliet doubts that her father will buy her a car.

Present	Preterite	Imperfect	Future	Conditional
dudo	dudé	dudaba	dudaré	dudaría
dudas	dudaste	dudabas	dudarás	dudarías
duda	dudó	dudaba	dudará	dudaría
dudamos	dudamos	dudábamos	dudaremos	dudaríamos
dudáis	dudasteis	dudabais	dudaréis	dudaríais
dudan	dudaron	dudaban	dudarán	dudarían

Present Subjunctive	Imperfect Subjunctive	Imperative	Present Participle	Past Participle
dude	dudara	duda	dudando	dudado
dudes	dudaras	dudes*		
dude	dudara	dudad		
dudemos	dudáramos	dudéis*		
dudéis	dudarais	dude		
duden	dudaran	duden		

PERSONIFICAR

to personify

El joven *personifica* todo lo que es bueno.

The young man personifies all that is good.

Present	Preterite	Imperfect	Future	Conditional
permito	permití	permitía	permitiré	permitiría
permites	permitiste	permitías	permitirás	permitirías
permite	permitió	permitía	permitirá	permitiría
permitimos	permitimos	permitíamos	permitiremos	permitiríamos
permitís	permitisteis	permitíais	permitiréis	permitiríais
permiten	permitieron	permitían	permitirán	permitirían

Present Subjunctive	Imperfect Subjunctive	Imperative	Present Participle	Past Participle
permita	permitiera	permite	permitiendo	permitido
permitas	permitieras	permitas*		
permita	permitiera	permitid		
permitamos	permitiéramos	permitáis*		
permitáis	permitierais	permita		
permitan	permitieran	permitan		

DURAR

to last, to endure; to remain

¿Cuánto tiempo *dura* el drama?
How long does the play last?

Present	Preterite	Imperfect	Future	Conditional
duro	duré	duraba	duraré	duraría
duras	duraste	durabas	durarás	durarías
dura	duró	duraba	durará	duraría
duramos	duramos	durábamos	duraremos	duraríamos
duráis	durasteis	durabais	duraréis	duraríais
duran	duraron	duraban	durarán	durarían

Present Subjunctive	Imperfect Subjunctive	Imperative	Present Participle	Past Participle
dure	durara	dura	durando	durado
dures	duraras	dures*		
dure	durara	durad		
duremos	duráramos	duréis*		
duréis	durarais	dure		
duren	duraran	duren		

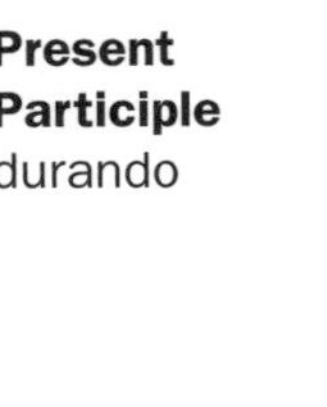

The judge permitted the prisoner to speak with his lawyer.

El juez *permitió* que el prisionero hablara con su abogado.

to permit; to allow

PERMITIR

ECHAR

to throw out; to pitch; to toss

La niña *echó* los papeles en la basura.
The girl threw the papers in the trash.

Present	Preterite	Imperfect	Future	Conditional
permanezco	permanecí	permanecía	permaneceré	permanecería
permaneces	permaneciste	permanecías	permanecerás	permanecerías
permanece	permaneció	permanecía	permanecerá	permanecería
permanecemos	permanecimos	permanecíamos	permaneceremos	permaneceríamos
permanecéis	permanecisteis	permanecíais	permaneceréis	permaneceríais
permanecen	permanecieron	permanecían	permanecerán	permanecerían

Present Subjunctive	Imperfect Subjunctive	Imperative	Present Participle	Past Participle
permanezca	permaneciera	permanece	permaneciendo	permanecido
permanezcas	permanecieras	permanezcas*		
permanezca	permaneciera	permaneced		
permanezcamos	permaneciéramos	permanezcáis*		
permanezcáis	permanecierais	permanezca		
permanezcan	permanecieran	permanezcan		

Present	Preterite	Imperfect	Future	Conditional
echo	eché	echaba	echaré	echaría
echas	echaste	echabas	echarás	echarías
echa	echó	echaba	echará	echaría
echamos	echamos	echábamos	echaremos	echaríamos
echáis	echasteis	echabais	echaréis	echaríais
echan	echaron	echaban	echarán	echarían

Present Subjunctive	Imperfect Subjunctive	Imperative	Present Participle	Past Participle
eche	echara	echa	echando	echado
eches	echaras	eches*		
eche	echara	echad		
echemos	echáramos	echéis*		
echéis	echarais	eche		
echen	echaran	echen		

PERMANECER

to remain; to stay

Ella *permaneció* en Europa por un mes.

She remained in Europe for a month.

ELABORAR

to manufacture; to produce; to elaborate

La fábrica *elabora* refrescos.
The factory manufactures (produces) soft drinks.

Present	Preterite	Imperfect	Future	Conditional
pierdo	perdí	perdía	perderé	perdería
pierdes	perdiste	perdías	perderás	perderías
pierde	perdió	perdía	perderá	perdería
perdemos	perdimos	perdíamos	perderemos	perderíamos
perdéis	perdisteis	perdíais	perderéis	perderíais
pierden	perdieron	perdían	perderán	perderían

Present Subjunctive	Imperfect Subjunctive	Imperative	Present Participle	Past Participle
pierda	perdiera	pierde	perdiendo	perdido
pierdas	perdieras	pierdas*		
pierda	perdiera	perded		
perdamos	perdiéramos	perdáis*		
perdáis	perdierais	pierda		
pierdan	perdieran	pierdan		

Present	Preterite	Imperfect	Future	Conditional
elaboro	elaboré	elaboraba	elaboraré	elaboraría
elaboras	elaboraste	elaborabas	elaborarás	elaborarías
elabora	elaboró	elaboraba	elaborará	elaboraría
elaboramos	elaboramos	elaborábamos	elaboraremos	elaboraríamos
elaboráis	elaborasteis	elaborabais	elaboraréis	elaboraríais
elaboran	elaboraron	elaboraban	elaborarán	elaborarían

Present Subjunctive	Imperfect Subjunctive	Imperative	Present Participle	Past Participle
elabore	elaborara	elabora	elaborando	elaborado
elabores	elaboraras	elabores*		
elabore	elaborara	elaborad		
elaboremos	elaboráramos	elaboréis*		
elaboréis	elaborarais	elabore		
elaboren	elaboraran	elaboren		

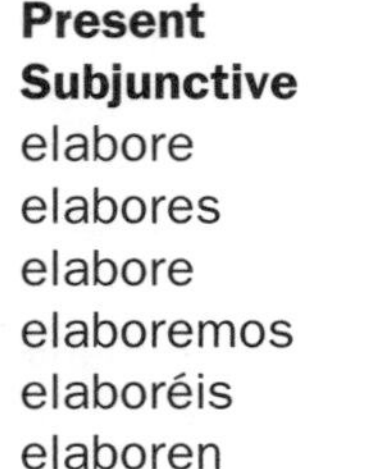

PERDER(SE)

to lose; to miss; to get lost

El abogado *perdió* el juicio.
The lawyer lost the trial.

Present	Preterite	Imperfect	Future	Conditional
pienso	pensé	pensaba	pensaré	pensaría
piensas	pensaste	pensabas	pensarás	pensarías
piensa	pensó	pensaba	pensará	pensaría
pensamos	pensamos	pensábamos	pensaremos	pensaríamos
pensáis	pensasteis	pensabais	pensaréis	pensaríais
piensan	pensaron	pensaban	pensarán	pensarían

Present Subjunctive	Imperfect Subjunctive	Imperative	Present Participle	Past Participle
piense	pensara		pensando	pensado
pienses	pensaras	piensa		
piense	pensara	pienses*		
pensemos	pensáramos	pensad		
penséis	pensarais	penséis*		
piensen	pensaran	piense		
		piensen		

ELEGIR

to elect; to choose; to select

El decano *eligió* al ganador del premio.
The dean selected the prize winner.

Present	Preterite	Imperfect	Future	Conditional
elijo	elegí	elegía	elegiré	elegiría
eliges	elegiste	elegías	elegirás	elegirías
elige	eligió	elegía	elegirá	elegiría
elegimos	elegimos	elegíamos	elegiremos	elegiríamos
elegís	elegisteis	elegíais	elegiréis	elegiríais
eligen	eligieron	elegían	elegirán	elegirían

Present Subjunctive	Imperfect Subjunctive	Imperative	Present Participle	Past Participle
elija	eligiera	elige	eligiendo	elegido
elijas	eligieras	elijas*		
elija	eligiera	elegid		
elijamos	eligiéramos	elijáis*		
elijáis	eligierais	elija		
elijan	eligieran	elijan		

PENSAR

to think; to consider

No *pensaba* que te olvidarías de tus amigos.
I didn't think you would forget your friends.

EMPEÑAR(SE)

to pawn; to be determined

El pobre hombre *empeñó* su reloj porque necesitaba el dinero.
The poor man pawned his watch because he needed the money.

Present	Preterite	Imperfect	Future	Conditional
peino	peiné	peinaba	peinaré	peinaría
peinas	peinaste	peinabas	peinarás	peinarías
peina	peinó	peinaba	peinará	peinaría
peinamos	peinamos	peinábamos	peinaremos	peinaríamos
peináis	peinasteis	peinabais	peinaréis	peinaríais
peinan	peinaron	peinaban	peinarán	peinarían

Present Subjunctive	Imperfect Subjunctive	Imperative	Present Participle	Past Participle
peine	peinara	peina	peinando	peinado
peines	peinaras	peines*		
peine	peinara	peinad		
peinemos	peináramos	peinéis*		
peinéis	peinarais	peine		
peinen	peinaran	peinen		

Present	Preterite	Imperfect	Future	Conditional
empeño	empeñé	empeñaba	empeñaré	empeñaría
empeñas	empeñaste	empeñabas	empeñarás	empeñarías
empeña	empeñó	empeñaba	empeñará	empeñaría
empeñamos	empeñamos	empeñábamos	empeñaremos	empeñaríamos
empeñáis	empeñasteis	empeñabais	empeñaréis	empeñaríais
empeñan	empeñaron	empeñaban	empeñarán	empeñarían

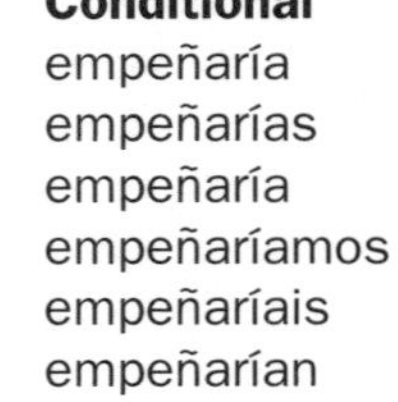

Present Subjunctive	Imperfect Subjunctive	Imperative	Present Participle	Past Participle
empeñe	empeñara	empeña	empeñando	empeñado
empeñes	empeñaras	empeñes*		
empeñe	empeñara	empeñad		
empeñemos	empeñáramos	empeñéis*		
empeñéis	empeñarais	empeñe		
empeñen	empeñaran	empeñen		

PEINAR(SE)

to comb [one's hair]

Carlitos *se peinó* antes de salir.
Charles combed himself before going out.

EMPEZAR

to begin; to start

Nosotros *empezamos* el viaje en Madrid.
We began our trip in Madrid.

Present	Preterite	Imperfect	Future	Conditional
pego	pegué	pegaba	pegaré	pegaría
pegas	pegaste	pegabas	pegarás	pegarías
pega	pegó	pegaba	pegará	pegaría
pegamos	pegamos	pegábamos	pegaremos	pegaríamos
pegáis	pegasteis	pegabais	pegaréis	pegaríais
pegan	pegaron	pegaban	pegarán	pegarían

Present Subjunctive	Imperfect Subjunctive	Imperative	Present Participle	Past Participle
pegue	pegara	pega	pegando	pegado
pegues	pegaras	pegues*		
pegue	pegara	pegad		
peguemos	pegáramos	peguéis*		
peguéis	pegarais	pegue		
peguen	pegaran	peguen		

Present	Preterite	Imperfect	Future	Conditional
empiezo	empecé	empezaba	empezaré	empezaría
empiezas	empezaste	empezabas	empezarás	empezarías
empieza	empezó	empezaba	empezará	empezaría
empezamos	empezamos	empezábamos	empezaremos	empezaríamos
empezáis	empezasteis	empezabais	empezaréis	empezaríais
empiezan	empezaron	empezaban	empezarán	empezarían

Present Subjunctive	Imperfect Subjunctive	Imperative	Present Participle	Past Participle
empiece	empezara	empieza	empezando	empezado
empieces	empezaras	empieces*		
empiece	empezara	empezad		
empecemos	empezáramos	empecéis*		
empecéis	empezarais	empiece		
empiecen	empezaran	empiecen		

PEGAR

to strike; to hit; to paste

Nadie le *pega* a los niños en la escuela.
No one strikes the children in school.

Present	Preterite	Imperfect	Future	Conditional
pido	pedí	pedía	pediré	pediría
pides	pediste	pedías	pedirás	pedirías
pide	pidió	pedía	pedirá	pediría
pedimos	pedimos	pedíamos	pediremos	pediríamos
pedís	pedisteis	pedíais	pediréis	pediríais
piden	pidieron	pedían	pedirán	pedirían

Present Subjunctive	Imperfect Subjunctive	Imperative	Present Participle	Past Participle
pida	pidiera	pide	pidiendo	pedido
pidas	pidieras	pidas*		
pida	pidiera	pedid		
pidamos	pidiéramos	pidáis*		
pidáis	pidierais	pida		
pidan	pidieran	pidan		

ENCENDER

to light [a match]; to turn on [a light]

El viajero *encendió* el fuego para calentarse.
The traveler lit the fire to warm himself.

Present	Preterite	Imperfect	Future	Conditional
enciendo	encendí	encendía	encenderé	encendería
enciendes	encendiste	encendías	encenderás	encenderías
enciende	encendió	encendía	encenderá	encendería
encendemos	encendimos	encendíamos	encenderemos	encenderíamos
encendéis	encendisteis	encendíais	encenderéis	encenderíais
encienden	encendieron	encendían	encenderán	encenderían

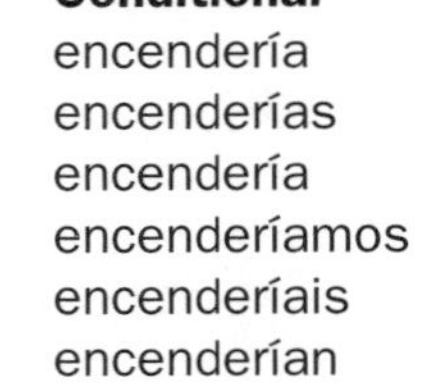

Present Subjunctive	Imperfect Subjunctive	Imperative	Present Participle	Past Participle
encienda	encendiera	enciende	encendiendo	encendido
enciendas	encendieras	enciendas*		
encienda	encendiera	encended		
encendamos	encendiéramos	encendáis*		
encendáis	encendierais	encienda		
enciendan	encendieran	enciendan		

PEDIR

to ask for; to request

Nadie *pidió* café con leche.

No one asked for coffee with milk.

Present	Preterite	Imperfect	Future	Conditional
paseo	paseé	paseaba	pasearé	pasearía
paseas	paseaste	paseabas	pasearás	pasearías
pasea	paseó	paseaba	paseará	pasearía
paseamos	paseamos	paseábamos	pasearemos	pasearíamos
paseáis	paseasteis	paseabais	pasearéis	pasearíais
pasean	pasearon	paseaban	pasearán	pasearían

Present Subjunctive	Imperfect Subjunctive	Imperative	Present Participle	Past Participle
pasee	paseara	pasea	paseando	paseado
pasees	pasearas	pasees*		
pasee	paseara	pasead		
paseemos	paseáramos	paseéis*		
paseéis	pasearais	pasee		
paseen	pasearan	paseen		

ENCONTRAR(SE)

to find [oneself]; to encounter

¿Dónde *encontraste* tu vestido nuevo?
Where did you find your new dress?

Present	Preterite	Imperfect	Future	Conditional
encuentro	encontré	encontraba	encontraré	encontraría
encuentras	encontraste	encontrabas	encontrarás	encontrarías
encuentra	encontró	encontraba	encontrará	encontraría
encontramos	encontramos	encontrábamos	encontraremos	encontraríamos
encontráis	encontrasteis	encontrabais	encontraréis	encontraríais
encuentran	encontraron	encontraban	encontrarán	encontrarían

Present Subjunctive	Imperfect Subjunctive	Imperative	Present Participle	Past Participle
encuentre	encontrara		encontrando	encontrado
encuentres	encontraras	encuentra		
encuentre	encontrara	encuentres*		
encontremos	encontráramos	encontrad		
encontréis	encontrarais	encontréis*		
encuentren	encontraran	encuentre		
		encuentren		

PASEAR(SE)

to stroll; to walk around

Mis amigos *pasearon* por la ciudad.
My friends strolled through the city.

ENFADAR(SE)

to anger; to get angry

María *se enfada* cuando tiene mucha tarea.
Maria gets angry when she has a lot of homework.

Present	**Preterite**	**Imperfect**	**Future**	**Conditional**
paso	pasé	pasaba	pasaré	pasaría
pasas	pasaste	pasabas	pasarás	pasarías
pasa	pasó	pasaba	pasará	pasaría
pasamos	pasamos	pasábamos	pasaremos	pasaríamos
pasáis	pasasteis	pasabais	pasaréis	pasaríais
pasan	pasaron	pasaban	pasarán	pasarían

Present Subjunctive	**Imperfect Subjunctive**	**Imperative**	**Present Participle**	**Past Participle**
pase	pasara	pasa	pasando	pasado
pases	pasaras	pases*		
pase	pasara	pasad		
pasemos	pasáramos	paséis*		
paséis	pasarais	pase		
pasen	pasaran	pasen		

Present	Preterite	Imperfect	Future	Conditional
enfado	enfadé	enfadaba	enfadaré	enfadaría
enfadas	enfadaste	enfadabas	enfadarás	enfadarías
enfada	enfadó	enfadaba	enfadará	enfadaría
enfadamos	enfadamos	enfadábamos	enfadaremos	enfadaríamos
enfadáis	enfadasteis	enfadabais	enfadaréis	enfadaríais
enfadan	enfadaron	enfadaban	enfadarán	enfadarían

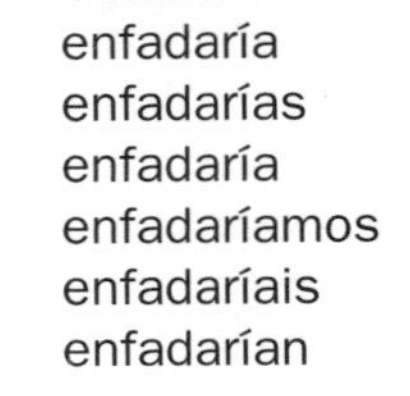

Present Subjunctive	Imperfect Subjunctive	Imperative	Present Participle	Past Participle
enfade	enfadara		enfadando	enfadado
enfades	enfadaras	enfada		
enfade	enfadara	enfades*		
enfademos	enfadáramos	enfadad		
enfadéis	enfadarais	enfadéis*		
enfaden	enfadaran	enfade		
		enfaden		

PASAR

to pass; to spend (time)

Los músicos *pasaron* por la calle.

The musicians passed through the street.

ENFERMAR(SE)

to become ill, to get sick

Mi hermano *se enfermó* cuando visitó a sus amigos.
Mi brother became ill when he visited his friends.

Present	Preterite	Imperfect	Future	Conditional
parto	partí	partía	partiré	partiría
partes	partiste	partías	partirás	partirías
parte	partió	partía	partirá	partiría
partimos	partimos	partíamos	partiremos	partiríamos
partís	partisteis	partíais	partiréis	partiríais
parten	partieron	partían	partirán	partirían

Present Subjunctive	Imperfect Subjunctive	Imperative	Present Participle	Past Participle
parta	partiera	parte	partiendo	partido
partas	partieras	partas*		
parta	partiera	partid		
partamos	partiéramos	partáis*		
partáis	partierais	parta		
partan	partieran	partan		

Present
enfermo
enfermas
enferma
enfermamos
enfermáis
enferman

Preterite
enfermé
enfermaste
enfermó
enfermamos
enfermasteis
enfermaron

Imperfect
enfermaba
enfermabas
enfermaba
enfermábamos
enfermabais
enfermaban

Future
enfermaré
enfermarás
enfermará
enfermaremos
enfermaréis
enfermarán

Conditional
enfermaría
enfermarías
enfermaría
enfermaríamos
enfermaríais
enfermarían

Present Subjunctive
enferme
enfermes
enferme
enfermemos
enferméis
enfermen

Imperfect Subjunctive
enfermara
enfermaras
enfermara
enfermáramos
enfermarais
enfermaran

Imperative
enferma
enfermes*
enfermad
enferméis*
enferme
enfermen

Present Participle
enfermando

Past Participle
enfermado

PARTIR

to leave, to depart; to divide

Mañana *partimos* para Francia.
Tomorrow we leave for France.

ENFOCAR(SE)

to focus

Yo *me enfoco* en mis deberes diarios.
I focus on my daily chores.

Present	**Preterite**	**Imperfect**	**Future**	**Conditional**
parezco	parecí	parecía	pareceré	parecería
pareces	pareciste	parecías	parecerás	parecerías
parece	pareció	parecía	parecerá	parecería
parecemos	parecimos	parecíamos	pareceremos	pareceríamos
parecéis	parecisteis	parecíais	pareceréis	pareceríais
parecen	parecieron	parecían	parecerán	parecerían

Present Subjunctive	**Imperfect Subjunctive**	**Imperative**	**Present Participle**	**Past Participle**
parezca	pareciera	parece	pareciendo	parecido
parezcas	parecieras	parezcas*		
parezca	pareciera	pareced		
parezcamos	pareciéramos	parezcáis*		
parezcáis	parecierais	parezca		
parezcan	parecieran	parezcan		

Present	Preterite	Imperfect	Future	Conditional
enfoco	enfoqué	enfocaba	enfocaré	enfocaría
enfocas	enfocaste	enfocabas	enfocarás	enfocarías
enfoca	enfocó	enfocaba	enfocará	enfocaría
enfocamos	enfocamos	enfocábamos	enfocaremos	enfocaríamos
enfocáis	enfocasteis	enfocabais	enfocaréis	enfocaríais
enfocan	enfocaron	enfocaban	enfocarán	enfocarían

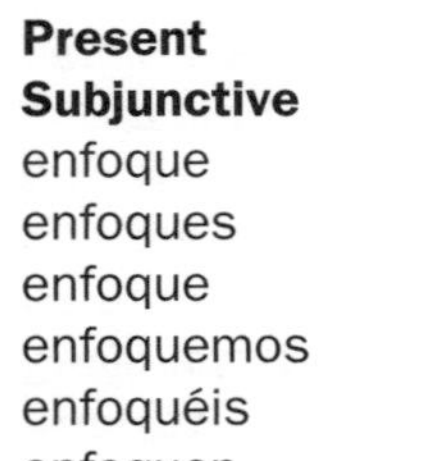

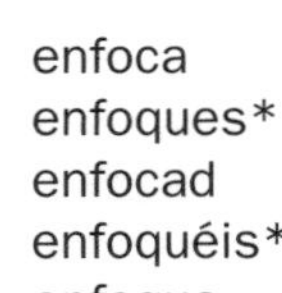

Present Subjunctive	Imperfect Subjunctive	Imperative	Present Participle	Past Participle
enfoque	enfocara	enfoca	enfocando	enfocado
enfoques	enfocaras	enfoques*		
enfoque	enfocara	enfocad		
enfoquemos	enfocáramos	enfoquéis*		
enfoquéis	enfocarais	enfoque		
enfoquen	enfocaran	enfoquen		

PARECER(SE)

to resemble; to seem

Me parece que hoy lloverá.

It seems to me that it will rain today.

Present	Preterite	Imperfect	Future	Conditional
paro	paré	paraba	pararé	pararía
paras	paraste	parabas	pararás	pararías
para	paró	paraba	parará	pararía
paramos	paramos	parábamos	pararemos	pararíamos
paráis	parasteis	parabais	pararéis	pararíais
paran	pararon	paraban	pararán	pararían

Present Subjunctive	Imperfect Subjunctive	Imperative	Present Participle	Past Participle
pare	parara	para	parando	parado
pares	pararas	pares*		
pare	parara	parad		
paremos	paráramos	paréis*		
paréis	pararais	pare		
paren	pararan	paren		

ENFRIAR

to cool, to chill

La madre *enfría* la sopa antes de darle de comer al bebé.
The mother cools the soup before feeding the baby.

Present	Preterite	Imperfect	Future	Conditional
enfrío	enfrié	enfriaba	enfriaré	enfriaría
enfrías	enfriaste	enfriabas	enfriarás	enfriarías
enfría	enfrió	enfriaba	enfriará	enfriaría
enfriamos	enfriamos	enfriábamos	enfriaremos	enfriaríamos
enfriáis	enfriasteis	enfriabais	enfriaréis	enfriaríais
enfrían	enfriaron	enfriaban	enfriarás	enfriarían

Present Subjunctive	Imperfect Subjunctive	Imperative	Present Participle	Past Participle
enfríe	enfriara	enfría	enfriando	enfriado
enfríes	enfriaras	enfríes*		
enfríe	enfriara	enfriad		
enfriemos	enfriáramos	enfriéis*		
enfriéis	enfriarais	enfríe		
enfríen	enfriaran	enfríen		

PARAR(SE)

to stop; to stand up

El avión *paró* en Dallas.

The plane stopped in Dallas.

ENJUAGAR

to rinse [off]

El cocinero *enjuaga* las verduras antes de cocinarlas.
The chef rinses the vegetables before cooking them.

Present	Preterite	Imperfect	Future	Conditional
pago	pagué	pagaba	pagaré	pagaría
pagas	pagaste	pagabas	pagarás	pagarías
paga	pagó	pagaba	pagará	pagaría
pagamos	pagamos	pagábamos	pagaremos	pagaríamos
pagáis	pagasteis	pagabais	pagaréis	pagaríais
pagan	pagaron	pagaban	pagarán	pagarían

Present Subjunctive	Imperfect Subjunctive	Imperative	Present Participle	Past Participle
pague	pagara	paga	pagando	pagado
pagues	pagaras	pagues*		
pague	pagara	pagad		
paguemos	pagáramos	paguéis*		
paguéis	pagarais	pague		
paguen	pagaran	paguen		

Present	Preterite	Imperfect	Future	Conditional
enjuago	enjuagué	enjuagaba	enjuagaré	enjuagaría
enjuagas	enjuagaste	enjuagabas	enjuagarás	enjuagarías
enjuaga	enjuagó	enjuagaba	enjuagará	enjuagaría
enjuagamos	enjuagamos	enjuagábamos	enjuagaremos	enjuagaríamos
enjuagáis	enjuagasteis	enjuagabais	enjuagaréis	enjuagaríais
enjuagan	enjuagaron	enjuagaban	enjuagarán	enjuagarían

Present Subjunctive	Imperfect Subjunctive	Imperative	Present Participle	Past Participle
enjuague	enjuagara	enjuaga	enjuagando	enjuagado
enjuagues	enjuagaras	enjuagues*		
enjuague	enjuagara	enjuagad		
enjuaguemos	enjuagáramos	enjuaguéis*		
enjuaguéis	enjuagarais	enjuague		
enjuaguen	enjuagaran	enjuaguen		

PAGAR

to pay

¿Quién *pagó* por las entradas?

Who paid for the tickets?

ENOJAR(SE)

to get angry

Me enojo cuando no tengo tiempo para mis actividades.
I get angry when I don't have time for my activities.

Present	Preterite	Imperfect	Future	Conditional
padezco	padecí	padecía	padeceré	padecería
padeces	padeciste	padecías	padecerás	padecerías
padece	padeció	padecía	padecerá	padecería
padecemos	padecimos	padecíamos	padeceremos	padeceríamos
padecéis	padecisteis	padecíais	padeceréis	padeceríais
padecen	padecieron	padecían	padecerán	padecerían

Present Subjunctive	Imperfect Subjunctive	Imperative	Present Participle	Past Participle
padezca	padeciera	padece	padeciendo	padecido
padezcas	padecieras	padezcas*		
padezca	padeciera	padeced		
padezcamos	padeciéramos	padezcáis*		
padezcáis	padecierais	padezca		
padezcan	padecieran	padezcan		

Present	Preterite	Imperfect	Future	Conditional
enojo	enojé	enojaba	enojaré	enojaría
enojas	enojaste	enojabas	enojarás	enojarías
enoja	enojó	enojaba	enojará	enojaría
enojamos	enojamos	enojábamos	enojaremos	enojaríamos
enojáis	enojasteis	enojabais	enojaréis	enojaríais
enojan	enojaron	enojaban	enojarán	enojarían

Present Subjunctive	Imperfect Subjunctive	Imperative	Present Participle	Past Participle
enoje	enojara	enoja	enojando	enojado
enojes	enojaras	enojes*		
enoje	enojara	enojad		
enojemos	enojáramos	enojéis*		
enojéis	enojarais	enoje		
enojen	enojaran	enojen		

Mario suffers health problems.
Mario *padece* de problemas de la salud.

to suffer; to endure

PADECER

Present	Preterite	Imperfect	Future	Conditional
otorgo	otorgué	otorgaba	otorgaré	otorgaría
otorgas	otorgaste	otorgabas	otorgarás	otorgarías
otorga	otorgó	otorgaba	otorgará	otorgaría
otorgamos	otorgamos	otorgábamos	otorgaremos	otorgaríamos
otorgáis	otorgasteis	otorgabais	otorgaréis	otorgaríais
otorgan	otorgaron	otorgaban	otorgarán	otorgarían

Present Subjunctive	Imperfect Subjunctive	Imperative	Present Participle	Past Participle
otorgue	otorgara	otorga	otorgando	otorgado
otorgues	otorgaras	otorgues*		
otorgue	otorgara	otorgad		
otorguemos	otorgáramos	otorguéis*		
otorguéis	otorgarais	otorgue		
otorguen	otorgaran	otorguen		

ENSEÑAR

to teach; to show, to demonstrate

¿Quién *enseña* francés en tu escuela?
Who teaches French in your school?

Present	Preterite	Imperfect	Future	Conditional
enseño	enseñé	enseñaba	enseñaré	enseñaría
enseñas	enseñaste	enseñabas	enseñarás	enseñarías
enseña	enseñó	enseñaba	enseñará	enseñaría
enseñamos	enseñamos	enseñábamos	enseñaremos	enseñaríamos
enseñáis	enseñasteis	enseñabais	enseñaréis	enseñaríais
enseñan	enseñaron	enseñaban	enseñarán	enseñarían

Present Subjunctive	Imperfect Subjunctive	Imperative	Present Participle	Past Participle
enseñe	enseñara	enseña	enseñando	enseñado
enseñes	enseñaras	enseñes*		
enseñe	enseñara	enseñad		
enseñemos	enseñáramos	enseñéis*		
enseñéis	enseñarais	enseñe		
enseñen	enseñaran	enseñen		

OTORGAR

to grant; to award; to bestow

El presidente *otorgó* la medalla de combate a los veteranos.

The president awarded the combat medal to the veterans.

ENTENDER

to understand, to comprehend

Marta no *entiende* lo que debe hacer.
Martha does not understand what she has to do.

Present	Preterite	Imperfect	Future	Conditional
organizo	organicé	organizaba	organizaré	organizaría
organizas	organizaste	organizabas	organizarás	organizarías
organiza	organizó	organizaba	organizará	organizaría
organizamos	organizamos	organizábamos	organizaremos	organizaríamos
organizáis	organizasteis	organizabais	organizaréis	organizaríais
organizan	organizaron	organizaban	organizarán	organizarían

Present Subjunctive	Imperfect Subjunctive	Imperative	Present Participle	Past Participle
organice	organizara	organiza	organizando	organizado
organices	organizaras	organices*		
organice	organizara	organizad		
organicemos	organizáramos	organicéis*		
organicéis	organizarais	organice		
organicen	organizaran	organicen		

Present	Preterite	Imperfect	Future	Conditional
entiendo	entendí	entendía	entenderé	entendería
entiendes	entendiste	entendías	entenderás	entenderías
entiende	entendió	entendía	entenderá	entendería
entendemos	entendimos	entendíamos	entenderemos	entenderíamos
entendéis	entendisteis	entendíais	entenderéis	entenderíais
entienden	entendieron	entendían	entenderán	entenderían

Present Subjunctive	Imperfect Subjunctive	Imperative	Present Participle	Past Participle
entienda	entendiera		entendiendo	entendido
entiendas	entendieras	entiende		
entienda	entendiera	entiendas*		
entendamos	entendiéramos	entended		
entendáis	entendierais	entendáis*		
entiendan	entendieran	entienda		
		entiendan		

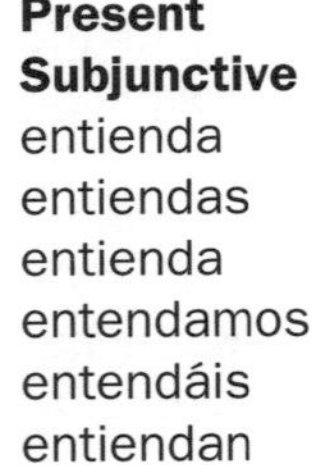

I would organize the party if I had time.

Yo *organizaría* la fiesta si tuviera tiempo.

to organize

ORGANIZAR

ENTREGAR

to deliver; to turn in

Julio siempre *entregaba* su tarea a tiempo.
Julius always turned in his homework on time.

Present	**Preterite**	**Imperfect**	**Future**	**Conditional**
ordeno	ordené	ordenaba	ordenaré	ordenaría
ordenas	ordenaste	ordenabas	ordenarás	ordenarías
ordena	ordenó	ordenaba	ordenará	ordenaría
ordenamos	ordenamos	ordenábamos	ordenaremos	ordenaríamos
ordenáis	ordenasteis	ordenabais	ordenaréis	ordenaríais
ordenan	ordenaron	ordenaban	ordenarán	ordenarían

Present Subjunctive	**Imperfect Subjunctive**	**Imperative**	**Present Participle**	**Past Participle**
ordene	ordenara	ordena	ordenando	ordenado
ordenes	ordenaras	ordenes*		
ordene	ordenara	ordenad		
ordenemos	ordenáramos	ordenéis*		
ordenéis	ordenarais	ordene		
ordenen	ordenaran	ordenen		

Present	Preterite	Imperfect	Future	Conditional
entrego	entregué	entregaba	entregaré	entregaría
entregas	entregaste	entregabas	entregarás	entregarías
entrega	entregó	entregaba	entregará	entregaría
entregamos	entregamos	entregábamos	entregaremos	entregaríamos
entregáis	entregasteis	entregabais	entregaréis	entregaríais
entregan	entregaron	entregaban	entregarán	entregarían

Present Subjunctive	Imperfect Subjunctive	Imperative	Present Participle	Past Participle
entregue	entregara	entrega	entregando	entregado
entregues	entregaras	entregues*		
entregue	entregara	entregad		
entreguemos	entregáramos	entreguéis*		
entreguéis	entregarais	entregue		
entreguen	entregaran	entreguen		

ORDENAR

to order; to arrange; to put in order

El general *ordenó* que sus tropas atacaran al enemigo.
The general ordered his troops to attack the enemy.

ENVIAR

to send; to remit

La señora *envía* el paquete por correo.
The lady sends the package by mail.

Present	**Preterite**	**Imperfect**	**Future**	**Conditional**
opongo	opuse	oponía	opondré	opondría
opones	opusiste	oponías	opondrás	opondrías
opone	opuso	oponía	opondrá	opondría
oponemos	opusimos	oponíamos	opondremos	opondríamos
oponéis	opusisteis	oponíais	opondréis	opondríais
oponen	opusieron	oponían	opondrán	opondrían

Present Subjunctive	**Imperfect Subjunctive**	**Imperative**	**Present Participle**	**Past Participle**
oponga	opusiera	opón	oponiendo	opuesto
opongas	opusieras	opongas*		
oponga	opusiera	oponed		
opongamos	opusiéramos	opongáis*		
onpongáis	opusierais	oponga		
opongan	opusieran	opongan		

Present	Preterite	Imperfect	Future	Conditional
envío	envié	enviaba	enviaré	enviaría
envías	enviaste	enviabas	enviarás	enviarías
envía	envió	enviaba	enviará	enviaría
enviamos	enviamos	enviábamos	enviaremos	enviaríamos
enviáis	enviasteis	enviabais	enviaréis	enviaríais
envían	enviaron	enviaban	enviarán	enviarían

Present Subjunctive	Imperfect Subjunctive	Imperative	Present Participle	Past Participle
envíe	enviara	envía	enviando	enviado
envíes	enviaras	envíes*		
envíe	enviara	enviad		
enviemos	enviáramos	enviéis*		
enviéis	enviarais	envíe		
envíen	enviaran	envíen		

OPONER(SE)

to be against; to oppose; to object to

Nos oponemos a la decisión del comité.
We oppose the committee's decision.

EQUIVOCAR(SE)

to mistake, to be mistaken

Mis padres nunca *se equivocan* cuando me dan consejos.
My parents are never mistaken when they give me advice.

Present	Preterite	Imperfect	Future	Conditional
olvido	olvidé	olvidaba	olvidaré	olvidaría
olvidas	olvidaste	olvidabas	olvidarás	olvidarías
olvida	olvidó	olvidaba	olvidará	olvidaría
olvidamos	olvidamos	olvidábamos	olvidaremos	olvidaríamos
olvidáis	olvidasteis	olvidabais	olvidaréis	olvidaríais
olvidan	olvidaron	olvidaban	olvidarán	olvidarían

Present Subjunctive	Imperfect Subjunctive	Imperative	Present Participle	Past Participle
olvide	olvidara	olvida	olvidando	olvidado
olvides	olvidaras	olvides*		
olvide	olvidara	olvidad		
olvidemos	olvidáramos	olvidéis*		
olvidéis	olvidarais	olvide		
olviden	olvidaran	olviden		

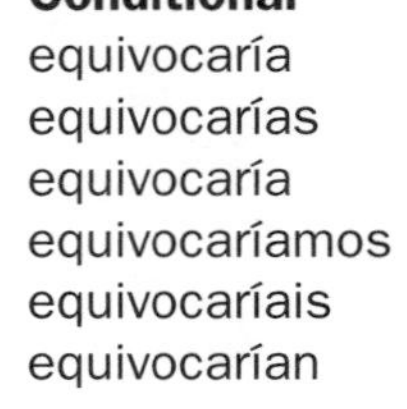

Present	Preterite	Imperfect	Future	Conditional
equivoco	equivoqué	equivocaba	equivocaré	equivocaría
equivocas	equivocaste	equivocabas	equivocarás	equivocarías
equivoca	equivocó	equivocaba	equivocará	equivocaría
equivocamos	equivocamos	equivocábamos	equivocaremos	equivocaríamos
equivocáis	equivocasteis	equivocabais	equivocaréis	equivocaríais
equivocan	equivocaron	equivocaban	equivocarán	equivocarían

Present Subjunctive	Imperfect Subjunctive	Imperative	Present Participle	Past Participle
equivoque	equivocara	equivoca	equivocando	equivocado
equivoques	equivocaras	equivoques*		
equivoque	equivocara	equivocad		
equivoquemos	equivocáramos	equivoquéis*		
equivoquéis	equivocarais	equivoque		
equivoquen	equivocaran	equivoquen		

OLVIDAR(SE)

to forget

Olvidé mi portafolio en casa.
I forgot my briefcase at home.

ESCOGER

to choose; to select

El que *escoja* esta camisa, obtendrá una ganga.
He who chooses this shirt will get a bargain.

Present	Preterite	Imperfect	Future	Conditional
huelo	olí	olía	oleré	olería
hueles	oliste	olías	olerás	olerías
huele	olió	olía	olerá	olería
olemos	olimos	olíamos	oleremos	oleríamos
oléis	olisteis	olíais	oleréis	oleríais
huelen	olieron	olían	olerán	olerían

Present Subjunctive	Imperfect Subjunctive	Imperative	Present Participle	Past Participle
huela	oliera	huele	oliendo	olido
huelas	olieras	huelas*		
huela	oliera	oled		
olamos	oliéramos	oláis*		
oláis	olierais	huela		
huelan	olieran	huelan		

Present	Preterite	Imperfect	Future	Conditional
escojo	escogí	escogía	escogeré	escogería
escoges	escogiste	escogías	escogerás	escogerías
escoge	escogió	escogía	escogerá	escogería
escogemos	escogimos	escogíamos	escogeremos	escogeríamos
escogéis	escogisteis	escogíais	escogeréis	escogeríais
escogen	escogieron	escogían	escogerán	escogerían

Present Subjunctive	Imperfect Subjunctive	Imperative	Present Participle	Past Participle
escoja	escogiera	escoge	escogiendo	escogido
escojas	escogieras	escojas*		
escoja	escogiera	escoged		
escojamos	escogiéramos	escojáis*		
escojáis	escogierais	escoja		
escojan	escogieran	escojan		

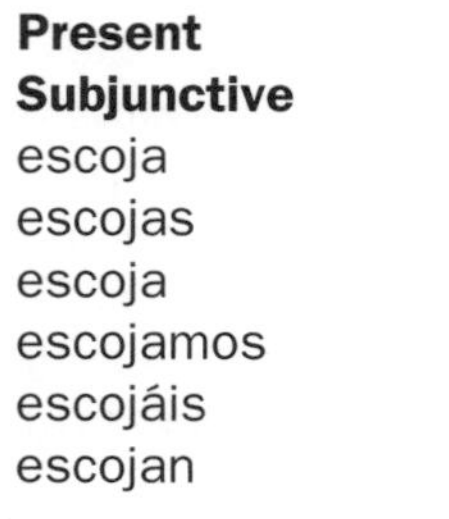

OLER

to smell

Me gusta como *huelen* las flores.
I like the way the flowers smell.

ESCRIBIR

to write

Juana le *escribe* cartas a sus amigos.
Jane writes letters to her friends.

Present	Preterite	Imperfect	Future	Conditional
oigo	oí	oía	oiré	oiría
oyes	oíste	oías	oirás	oirías
oye	oyó	oía	oirá	oiría
oímos	oímos	oíamos	oiremos	oiríamos
oís	oísteis	oíais	oiréis	oiríais
oyen	oyeron	oían	oirán	oirían

Present Subjunctive	Imperfect Subjunctive	Imperative	Present Participle	Past Participle
oiga	oyera	oye	oyendo	oído
oigas	oyeras	oigas*		
oiga	oyera	oíd		
oigamos	oyéramos	oigáis*		
oigáis	oyerais	oiga		
oigan	oyeran	oigan		

Present	Preterite	Imperfect	Future	Conditional
escribo	escribí	escribía	escribiré	escribiría
escribes	escribiste	escribías	escribirás	escribirías
escribe	escribió	escribía	escribirá	escribiría
escribimos	escribimos	escribíamos	escribiremos	escribiríamos
escribís	escribisteis	escribíais	escribiréis	escribiríais
escriben	escribieron	escribían	escribirán	escribirían

Present Subjunctive	Imperfect Subjunctive	Imperative	Present Participle	Past Participle
escriba	escribiera	escribe	escribiendo	escrito
escribas	escribieras	escribas*		
escriba	escribiera	escribid		
escribamos	escribiéramos	escribáis*		
escribáis	escribierais	escriba		
escriban	escribieran	escriban		

OÍR

to hear; to listen to

¿No *oyes* ladrar a los perros?
Don't you hear the dogs barking?

Present	Preterite	Imperfect	Future	Conditional
ofrezco	ofrecí	ofrecía	ofreceré	ofrecería
ofreces	ofreciste	ofrecías	ofrecerás	ofrecerías
ofrece	ofreció	ofrecía	ofrecerá	ofrecería
ofrecemos	ofrecimos	ofrecíamos	ofreceremos	ofreceríamos
ofrecéis	ofrecisteis	ofrecíais	ofreceréis	ofreceríais
ofrecen	ofrecieron	ofrecían	ofrecerán	ofrecerían

Present Subjunctive	Imperfect Subjunctive	Imperative	Present Participle	Past Participle
ofrezca	ofreciera	ofrece	ofreciendo	ofrecido
ofrezcas	ofrecieras	ofrezcas*		
ofrezca	ofreciera	ofreced		
ofrezcamos	ofreciéramos	ofrezcáis*		
ofrezcáis	ofrecierais	ofrezca		
ofrezcan	ofrecieran	ofrezcan		

ESCUCHAR

to listen; to hear

Escuchad al profesor si deseáis aprobar esta clase.
Listen to the teacher if you want to pass this class.

Present	Preterite	Imperfect	Future	Conditional
escucho	escuché	escuchaba	escucharé	escucharía
escuchas	escuchaste	escuchabas	escucharás	escucharías
escucha	escuchó	escuchaba	escuchará	escucharía
escuchamos	escuchamos	escuchábamos	escucharemos	escucharíamos
escucháis	escuchasteis	escuchabais	escucharéis	escucharíais
escuchan	escucharon	escuchaban	escucharán	escucharían

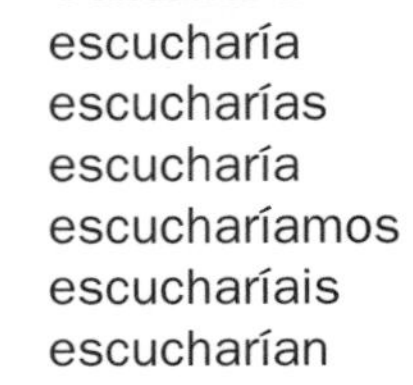

Present Subjunctive	Imperfect Subjunctive	Imperative	Present Participle	Past Participle
escuche	escuchara	escucha	escuchando	escuchado
escuches	escucharas	escuches*		
escuche	escuchara	escuchad		
escuchemos	escucháramos	escuchéis*		
escuchéis	escucharais	escuche		
escuchen	escucharan	escuchen		

The stewardess offered the passengers drinks.

La azafata le *ofreció* bebidas a los pasajeros.

to offer

OFRECER

ESPERAR

to hope; to await

Elena *esperaba* que Roberto la llamara.
Helen hoped that Robert would call her.

Present	Preterite	Imperfect	Future	Conditional
odio	odié	odiaba	odiaré	odiaría
odias	odiaste	odiabas	odiarás	odiarías
odia	odió	odiaba	odiará	odiaría
odiamos	odiamos	odiábamos	odiaremos	odiaríamos
odiáis	odiasteis	odiabais	odiaréis	odiaríais
odian	odiaron	odiaban	odiarán	odiarían

Present Subjunctive	Imperfect Subjunctive	Imperative	Present Participle	Past Participle
odie	odiara	odia	odiando	odiado
odies	odiaras	odies*		
odie	odiara	odiad		
odiemos	odiáramos	odiéis*		
odiéis	odiarais	odie		
odien	odiaran	odien		

Present	Preterite	Imperfect	Future	Conditional
espero	esperé	esperaba	esperaré	esperaría
esperas	esperaste	esperabas	esperarás	esperarías
espera	esperó	esperaba	esperará	esperaría
esperamos	esperamos	esperábamos	esperaremos	esperaríamos
esperáis	esperasteis	esperabais	esperaréis	esperaríais
esperan	esperaron	esperaban	esperarán	esperarían

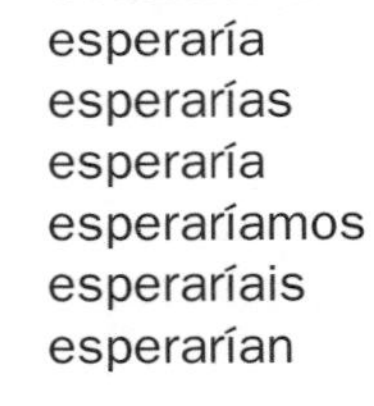

Present Subjunctive	Imperfect Subjunctive	Imperative	Present Participle	Past Participle
espere	esperara	espera	esperando	esperado
esperes	esperaras	esperes*		
espere	esperara	esperad		
esperemos	esperáramos	esperéis*		
esperéis	esperarais	espere		
esperen	esperaran	esperen		

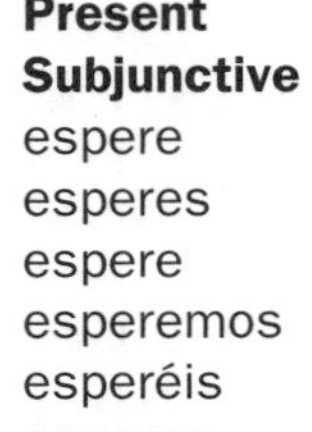

Some young people hate getting up early.

Algunos chicos *odian* levantarse temprano.

to hate; to detest

ODIAR

Present	Preterite	Imperfect	Future	Conditional
ocasiono	ocasioné	ocasionaba	ocasionaré	ocasionaría
ocasionas	ocasionaste	ocasionabas	ocasionarás	ocasionarías
ocasiona	ocasionó	ocasionaba	ocasionará	ocasionaría
ocasionamos	ocasionamos	ocasionábamos	ocasionaremos	ocasionaríamos
ocasionáis	ocasionasteis	ocasionabais	ocasionaréis	ocasionaríais
ocasionan	ocasionaron	ocasionaban	ocasionarán	ocasionarían

Present Subjunctive	Imperfect Subjunctive	Imperative	Present Participle	Past Participle
ocasione	ocasionara	ocasiona	ocasionando	ocasionado
ocasiones	ocasionaras	ocasiones*		
ocasione	ocasionara	ocasionad		
ocasionemos	ocasionáramos	ocasionéis*		
ocasionéis	ocasionarais	ocasione		
ocasionen	ocasionaran	ocasionen		

ESTAR

to be

Ojalá que no *estés* enferma hoy.
I hope that you are not sick today.

Present	Preterite	Imperfect	Future	Conditional
estoy	estuve	estaba	estaré	estaría
estás	estuviste	estabas	estarás	esatarías
está	estuvo	estaba	estará	estaría
estamos	estuvimos	estábamos	estaremos	estaríamos
estáis	estuvisteis	estabais	estaréis	estaríais
están	estuvieron	estaban	estarán	estarían

Present Subjunctive	Imperfect Subjunctive	Imperative	Present Participle	Past Participle
esté	estuviera		estando	estado
estés	estuvieras	está		
esté	estuviera	estés*		
estemos	estuviéramos	estad		
estéis	estuvierais	estéis*		
estén	estuvieran	esté		
		estén		

OCASIONAR

to cause; to provoke; to endanger

Su falta de concentración *ocasionó* el accidente.

His lack of concentration caused the accident.

Present	Preterite	Imperfect	Future	Conditional
obtengo	obtuve	obtenía	obtendré	obtendría
obtienes	obtuviste	obtenías	obtendrás	obtendrías
obtiene	obtuvo	obtenía	obtendrá	obtendría
obtenemos	obtuvimos	obteníamos	obtendremos	obtendríamos
obtenéis	obtuvisteis	obteníais	obtendréis	obtendríais
obtienen	obtuvieron	obtenían	obtendrán	obtendrían

Present Subjunctive	Imperfect Subjunctive	Imperative	Present Participle	Past Participle
obtenga	obtuviera	obtén	obteniendo	obtenido
obtengas	obtuvieras	obtengas*		
obtenga	obtuviera	obtened		
obtengamos	obtuviéramos	obtengáis*		
obtengáis	obtuvierais	obtenga		
obtengan	obtuvieran	obtengan		

EVOLUCIONAR

to evolve; to develop

El argumento de la novela *evoluciona* muy despacio.
The plot of the novel develops very slowly.

Present
evoluciono
evolucionas
evoluciona
evolucionamos
evolucionáis
evolucionan

Preterite
evolucioné
evolucionaste
evolucionó
evolucionamos
evolucionasteis
evolucionaron

Imperfect
evolucionaba
evolucionabas
evolucionaba
evolucionábamos
evolucionabais
evolucionaban

Future
evolucionaré
evolucionarás
evolucionará
evolucionaremos
evolucionaréis
evolucionarán

Conditional
evolucionaría
evolucionarías
evolucionaría
evolucionaríamos
evolucionaríais
evolucionarían

Present Subjunctive
evolucione
evoluciones
evolucione
evolucionemos
evolucionéis
evolucionen

Imperfect Subjunctive
evolucionara
evolucionaras
evolucionara
evolucionáramos
evolucionarais
evolucionaran

Imperative

evoluciona
evoluciones*
evolucionad
evolucionéis*
evolucione
evolucionen

Present Participle
evolucionando

Past Participle
evolucionado

OBTENER

to obtain; to get

Cuando *obtenga* tu pago, te lo enviaré.
When I get your payment, I will send it to you.

EXIGIR

to demand; to require; to urge

El juez *exige* que el testigo diga la verdad.
The judge demands that the witness tell the truth.

Present	Preterite	Imperfect	Future	Conditional
observo	observé	observaba	observaré	observaría
observas	observaste	observabas	observarás	observarías
observa	observó	observaba	observará	observaría
observamos	observamos	observábamos	observaremos	observaríamos
observáis	observasteis	observabais	observaréis	observaríais
observan	observaron	observaban	observarán	observarían

Present Subjunctive	Imperfect Subjunctive	Imperative	Present Participle	Past Participle
observe	observara	observa	observando	observado
observes	observaras	observes*		
observe	observara	observad		
observemos	observáramos	observéis*		
observéis	observarais	observe		
observen	observaran	observen		

Present	Preterite	Imperfect	Future	Conditional
exijo	exigí	exigía	exigiré	exigiría
exiges	exigiste	exigías	exigirás	exigirías
exige	exigió	exigía	exigirá	exigiría
exigimos	exigimos	exigíamos	exigiremos	exigiríamos
exigís	exigisteis	exigíais	exigiréis	exigiríais
exigen	exigieron	exigían	exigirán	exigirían

Present Subjunctive	Imperfect Subjunctive	Imperative	Present Participle	Past Participle
exija	exigiera	exige	exigiendo	exigido
exijas	exigieras	exijas*		
exija	exigiera	exigid		
exijamos	exigiéramos	exijáis*		
exijáis	exigierais	exija		
exijan	exigieran	exijan		

OBSERVAR

to observe

Observé los métodos que la profesora usó en clase.

I observed the methods the teacher used in class.

EXPERIMENTAR

to experience; to undergo; to experiment

La mujer *experimentó* una sensación de tristeza.
The woman experienced a feeling of sadness.

Present	Preterite	Imperfect	Future	Conditional
obro	obré	obraba	obraré	obraría
obras	obraste	obrabas	obrarás	obrarías
obra	obró	obraba	obrará	obraría
obramos	obramos	obrábamos	obraremos	obraríamos
obráis	obrasteis	obrabais	obraréis	obraríais
obran	obraron	obraban	obrarán	obrarían

Present Subjunctive	Imperfect Subjunctive	Imperative	Present Participle	Past Participle
obre	obrara	obra	obrando	obrado
obres	obraras	obres*		
obre	obrara	obrad		
obremos	obráramos	obréis*		
obréis	obrarais	obre		
obren	obraran	obren		

Present	Preterite	Imperfect	Future	Conditional
experimento	experimenté	experimentaba	experimentaré	experimentaría
experimentas	experimentaste	experimentabas	experimentarás	experimentarías
experimenta	experimentó	experimentaba	experimentará	experimentaría
experimentamos	experimentamos	experimentábamos	experimentaremos	experimentaríamos
experimentáis	experimentasteis	experimentabais	experimentaréis	experimentaríais
experimentan	experimentaron	experimentaban	experimentarán	experimentarían

Present Subjunctive	Imperfect Subjunctive	Imperative	Present Participle	Past Participle
experimente	experimentara	experimenta	experimentando	experimentado
experimentes	experimentaras	experimentes*		
experimente	experimentara	experimentad		
experimentemos	experimentáramos	experimentéis*		
experimentéis	experimentarais	experimente		
experimenten	experimentaran	experimenten		

OBRAR

to act as; to function as; to work

Nuestras creencias *obran* resultados milagrosos.

Our beliefs work miracles.

Present	Preterite	Imperfect	Future	Conditional
obedezco	obedecí	obedecía	obedeceré	obedecería
obedeces	obedeciste	obedecías	obedecerás	obedecerías
obedece	obedeció	obedecía	obedecerá	obedecería
obedecemos	obedecimos	obedecíamos	obedeceremos	obedeceríamos
obedecéis	obedecisteis	obedecíais	obedeceréis	obedeceríais
obedecen	obedecieron	obedecían	obedecerán	obedecerían

Present Subjunctive	Imperfect Subjunctive	Imperative	Present Participle	Past Participle
obedezca	obedeciera	obedece	obedeciendo	obedecido
obedezcas	obedecieras	obedezcas*		
obedezca	obedeciera	obedeced		
obedezcamos	obedeciéramos	obedezcáis*		
obedezcáis	obedecierais	obedezca		
obedezcan	obedecieran	obdezcan		

EXPLICAR

to explain

El médico me *explicó* el proceso de la cirugía.
The doctor explained the surgery process to me.

Present	**Preterite**	**Imperfect**	**Future**	**Conditional**
explico	expliqué	explicaba	explicaré	expicaría
explicas	explicaste	explicabas	explicarás	explicarías
explica	explicó	explicaba	explicará	explicaría
explicamos	explicamos	explicábamos	explicaremos	explicaríamos
explicáis	explicasteis	explicabais	explicaréis	explicaríais
explican	explicaron	explicaban	explicarán	explicarían

Present Subjunctive	**Imperfect Subjunctive**	**Imperative**	**Present Participle**	**Past Participle**
explique	explicara	explica	explicando	explicado
expliques	explicaras	expliques*		
explique	explicara	explicad		
expliquemos	explicáramos	expliquéis*		
expliquéis	explicarais	explique		
expliquen	explicaran	expliquen		

OBEDECER

to obey

Los hijos *obedecen* a sus padres.
The children obey their parents.

Present	Preterite	Imperfect	Future	Conditional
niego	negué	negaba	negaré	negaría
niegas	negaste	negabas	negarás	negarías
niega	negó	negaba	negará	negaría
negamos	negamos	negábamos	negaremos	negaríamos
negáis	negasteis	negabais	negréis	negaríais
niegan	negaron	negaban	negarán	negarían

Present Subjunctive	Imperfect Subjunctive	Imperative	Present Participle	Past Participle
niegue	negara	niega	negando	negado
niegues	negaras	niegues*		
niegue	negara	negad		
neguemos	negáramos	neguéis*		
neguéis	negarais	niegue		
nieguen	negaran	nieguen		

EXPRESAR

to express; to manifest; to represent

El autor *expresó* su opinión en el ensayo.
The author expressed his opinion in the essay.

Present	Preterite	Imperfect	Future	Conditional
expreso	expresé	expresaba	expresaré	expresaría
expresas	expresaste	expresabas	expresarás	expresarías
expresa	expresó	expresaba	expresará	expresaría
expresamos	expresamos	expresábamos	expresaremos	expresaríamos
expresáis	expresasteis	expresabais	expresaréis	expresaríais
expresan	expresaron	expresaban	expresarán	expresarían

Present Subjunctive	Imperfect Subjunctive	Imperative	Present Participle	Past Participle
exprese	expresara	expresa	expresando	expresado
expreses	expresaras	expreses*		
exprese	expresara	expresad		
expresemos	expresáramos	expreséis*		
expreséis	expresarais	exprese		
expresen	expresaran	expresen		

NEGAR(SE)

to deny; to refuse to

Ella *se negó* a ir al teatro con sus padres.
She refused to go to the theater with her parents.

Present	Preterite	Imperfect	Future	Conditional
necesito	necesité	necesitaba	necesitaré	necesitaría
necesitas	necesitaste	necesitabas	necesitarás	necesitarías
necesita	necesitó	necesitaba	necesitará	necesitaría
necesitamos	necesitamos	necesitábamos	necesitaremos	necesitaríamos
necesitáis	necesitasteis	necesitabais	necesitaréis	necesitaríais
necesitan	necesitaron	necesitaban	necesitarán	necesitarían

Present Subjunctive	Imperfect Subjunctive	Imperative	Present Participle	Past Participle
necesite	necesitara	necesita	necesitando	necesitado
necesites	necesitaras	necesites*		
necesite	necesitara	necesitad		
necesitemos	necesitáramos	necesitéis*		
necesitéis	necesitarais	necesite		
necesiten	necesitaran	necesiten		

FELICITAR

to congratulate; to wish happiness

Te *felicito* en este día de tu cumpleaños.
I congratulate you on your birthday.

Present	Preterite	Imperfect	Future	Conditional
felicito	felicité	felicitaba	felicitaré	felicitaría
felicitas	felicitaste	felicitabas	felicitarás	felicitarías
felicita	felicitó	felicitaba	felicitará	felicitaría
felicitamos	felicitamos	felicitábamos	felicitaremos	felicitaríamos
felicitáis	felicitasteis	felicitabais	felicitaréis	felicitaríais
felicitan	felicitaron	felicitaban	felicitarán	felicitarían

Present Subjunctive	Imperfect Subjunctive	Imperative	Present Participle	Past Participle
felicite	felicitara	felicita	felicitando	felicitado
felicites	felicitaras	felicites*		
felicite	felicitara	felicitad		
felicitemos	felicitáramos	felicitéis*		
felicitéis	felicitarais	felicite		
feliciten	felicitaran	feliciten		

NECESITAR

to need

Necesito tu ayuda para distribuir los regalos.
I need your help to distribute the gifts.

FIGURAR

to appear; to represent; to be prominent

El amor *figura* como tema en todas sus novelas.
Love appears as a theme in all his novels.

Present	**Preterite**	**Imperfect**	**Future**	**Conditional**
multiplico	multipliqué	multiplicaba	multiplicaré	multiplicaría
multiplicas	multiplicaste	multiplicabas	multiplicarás	multiplicarías
multiplica	multiplicó	multiplicaba	multiplicará	multiplicaría
multiplicamos	multiplicamos	multiplicábamos	multiplicaremos	multiplicaríamos
multiplicáis	multiplicasteis	multiplicabais	multiplicaréis	multiplicaríais
multiplican	multiplicaron	multiplicaban	multiplicarán	multiplicarían

Present Subjunctive	**Imperfect Subjunctive**	**Imperative**	**Present Participle**	**Past Participle**
multiplique	multiplicara	multiplica	multiplicando	multiplicado
multipliques	multiplicaras	multipliques*		
multiplique	multiplicara	multiplicad		
multipliquemos	multiplicáramos	multipliquéis*		
multipliquéis	multiplicarais	multiplique		
multipliquen	multiplicaran	multipliquen		

Present	Preterite	Imperfect	Future	Conditional
figuro	figuré	figuraba	figuraré	figuraría
figuras	figuraste	figurabas	figurarás	figurarías
figura	figuró	figuraba	figurará	figuraría
figuramos	figuramos	figurábamos	figuraremos	figuraríamos
figuráis	figurasteis	figurabais	figuraréis	figuraríais
figuran	figuraron	figuraban	figurarán	figurarían

Present Subjunctive	Imperfect Subjunctive	Imperative	Present Participle	Past Participle
figure	figurara	figura	figurando	figurado
figures	figuraras	figures*		
figure	figurara	figurad		
figuremos	figuráramos	figuréis*		
figuréis	figurarais	figure		
figuren	figuraran	figuren		

MULTIPLICAR

to multiply

Es imprescindible que *multipliques* tus ganancias.
It is essential that you multiply your earnings.

Present	Preterite	Imperfect	Future	Conditional
mudo	mudé	mudaba	mudaré	mudaría
mudas	mudaste	mudabas	mudarás	mudarías
muda	mudó	mudaba	mudará	mudaría
mudamos	mudamos	mudábamos	mudaremos	mudaríamos
mudáis	mudasteis	mudabais	mudaréis	mudaríais
mudan	mudaron	mudaban	mudarán	mudarían

Present Subjunctive	Imperfect Subjunctive	Imperative	Present Participle	Past Participle
mude	mudara	muda	mudando	mudado
mudes	mudaras	mudes*		
mude	mudara	mudad		
mudemos	mudáramos	mudéis*		
mudéis	mudarais	mude		
muden	mudaran	muden		

FINGIR

to pretend; to feign

El enemigo *finge* ser su amigo.
The enemy pretends to be his friend.

Present	Preterite	Imperfect	Future	Conditional
finjo	fingí	fingía	fingiré	fingiría
finges	fingiste	fingías	fingirás	fingirías
finge	fingió	fingía	fingirá	fingiría
fingimos	fingimos	fingíamos	fingiremos	fingiríamos
fingís	fingisteis	fingíais	fingiréis	fingiríais
fingen	fingieron	fingían	fingirán	fingirían

Present Subjunctive	Imperfect Subjunctive	Imperative	Present Participle	Past Participle
finja	fingiera	finge	fingiendo	fingido
finjas	fingieras	finjas*		
finja	fingiera	fingid		
finjamos	fingiéramos	finjáis*		
finjáis	fingierais	finja		
finjan	fingieran	finjan		

MUDAR(SE)

to move; to change residence

La familia *se mudó* a Italia.
The family moved to Italy.

Present	Preterite	Imperfect	Future	Conditional
muevo	moví	movía	moveré	movería
mueves	moviste	movías	moverás	moverías
mueve	movió	movía	moverá	movería
movemos	movimos	movíamos	moveremos	moveríamos
movéis	movisteis	movíais	moveréis	moveríais
mueven	movieron	movían	moverán	moverían

Present Subjunctive	Imperfect Subjunctive	Imperative	Present Participle	Past Participle
mueva	moviera	mueve	moviendo	movido
muevas	movieras	muevas*		
mueva	moviera	moved		
movamos	moviéramos	mováis*		
mováis	movierais	mueva		
muevan	movieran	muevan		

FORMAR

to form; to shape; to fashion

El escultor *forma* la estatua del poeta.
The sculptor forms the statue of the poet.

Present	Preterite	Imperfect	Future	Conditional
formo	formé	formaba	formaré	formaría
formas	formaste	formabas	formarás	formarías
forma	formó	formaba	formará	formaría
formamos	formamos	formábamos	formaremos	formaríamos
formáis	formasteis	formabais	formaréis	formaríais
forman	formaron	formaban	formarán	formarían

Present Subjunctive	Imperfect Subjunctive	Imperative	Present Participle	Past Participle
forme	formara		formando	formado
formes	formaras	forma		
forme	formara	formes*		
formemos	formáramos	formad		
forméis	formarais	forméis*		
formen	formaran	forme		
		formen		

MOVER

to move

Carlota *movió* el coche a la cuadra siguiente.
Charlotte moved the car to the next block.

FRACASAR

to fail; to be unsuccessful

Nosotros *fracasamos* en nuestro propósito.
We failed in our goal.

Present	Preterite	Imperfect	Future	Conditional
muero	morí	moría	moriré	moriría
mueres	moriste	morías	morirás	morirías
muere	murió	moría	morirá	moriría
morimos	morimos	moríamos	moriremos	moriríamos
morís	moristeis	moríais	moriréis	moriríais
mueren	murieron	morían	morirán	morirían

Present Subjunctive	Imperfect Subjunctive	Imperative	Present Participle	Past Participle
muera	muriera	muere	muriendo	muerto
mueras	murieras	mueras*		
muera	muriera	morid		
muramos	muriéramos	muráis*		
muráis	murierais	muera		
mueran	murieran	mueran		

Present	Preterite	Imperfect	Future	Conditional
fracaso	fracasé	fracasaba	fracasaré	fracasaría
fracasas	fracasaste	fracasabas	fracasarás	fracasarías
fracasa	fracasó	fracasaba	fracasará	fracasaría
fracasamos	fracasamos	fracasábamos	fracasaremos	fracasaríamos
fracasáis	fracasasteis	fracasabais	fracasaréis	fracasaríais
fracasan	fracasaron	fracasaban	fracasarán	fracasarían

Present Subjunctive	Imperfect Subjunctive	Imperative	Present Participle	Past Participle
fracase	fracasara	fracasa	fracasando	fracasado
fracases	fracasaras	fracases*		
fracase	fracasara	fracasad		
fracasemos	fracasáramos	fracaséis*		
fracaséis	fracasarais	fracase		
fracasen	fracasaran	fracasen		

MORIR(SE)

to die

Abrán Lincoln *murió* después de la Guerra Civil.

Abraham Lincoln died after the Civil War.

Present	Preterite	Imperfect	Future	Conditional
muerdo	mordí	mordía	morderé	mordería
muerdes	mordiste	mordías	morderás	morderías
muerde	mordió	mordía	morderá	mordería
mordemos	mordimos	mordíamos	morderemos	morderíamos
mordéis	mordisteis	mordíais	morderéis	morderíais
muerden	mordieron	mordían	morderán	morderían

Present Subjunctive	Imperfect Subjunctive	Imperative	Present Participle	Past Participle
muerda	mordiera	muerde	mordiendo	mordido
muerda	mordieras	muerdas*		
muerda	mordiera	morded		
mordamos	mordiéramos	mordáis*		
mordáis	mordierais	muerda		
muerdan	mordieran	muerdan		

GANAR

to win; to earn

Mi madre *gana* mucho dinero en su trabajo.
My mother earns a lot of money in her work.

Present	Preterite	Imperfect	Future	Conditional
gano	gané	ganaba	ganaré	ganaría
ganas	ganaste	ganabas	ganarás	ganarías
gana	ganó	ganaba	ganará	ganaría
ganamos	ganamos	ganábamos	ganaremos	ganaríamos
ganáis	ganasteis	ganabais	ganaréis	ganaríais
ganan	ganaron	ganaban	ganarán	ganarían

Present Subjunctive	Imperfect Subjunctive	Imperative	Present Participle	Past Participle
gane	ganara		ganando	ganado
ganes	ganaras	gana		
gane	ganara	ganes*		
ganemos	ganáramos	ganad		
ganéis	ganarais	ganéis*		
ganen	ganaran	gane		
		ganen		

MORDER

to bite

El perro *mordió* al niño en el pie.
The dog bit the little boy in the foot.

Present	Preterite	Imperfect	Future	Conditional
monto	monté	montaba	montaré	montaría
montas	montaste	montabas	montarás	montarías
monta	montó	montaba	montará	montaría
montamos	montamos	montábamos	montaremos	montaríamos
montáis	montasteis	montabais	montaréis	montaríais
montan	montaron	montaban	montarán	montarían

Present Subjunctive	Imperfect Subjunctive	Imperative	Present Participle	Past Participle
monte	montara	monta	montando	montado
montes	montaras	montes*		
monte	montara	montad		
montemos	montáramos	montéis*		
montéis	montarais	monte		
monten	montaran	monten		

GASTAR

to spend [money]; to waste; to wear [out]

Gasto mucho dinero cuando viajo.
I spend a lot of money when I travel.

Present	Preterite	Imperfect	Future	Conditional
gasto	gasté	gastaba	gastaré	gastaría
gastas	gastaste	gastabas	gastarás	gastarías
gasta	gastó	gastaba	gastará	gastaría
gastamos	gastamos	gastábamos	gastaremos	gastaríamos
gastáis	gastasteis	gastabais	gastaréis	gastaríais
gastan	gastaron	gastaban	gastarán	gastarían

Present Subjunctive	Imperfect Subjunctive	Imperative	Present Participle	Past Participle
gaste	gastara	gasta	gastando	gastado
gastes	gastaras	gastes*		
gaste	gastara	gastad		
gastemos	gastáramos	gastéis*		
gastéis	gastarais	gaste		
gasten	gastaran	gasten		

MONTAR

to ride [a bicycle, horse]; to mount

Margarita *montaba* su bicicleta todos los días.
Marguerite rode her bicycle every day.

Present	Preterite	Imperfect	Future	Conditional
mojo	mojé	mojaba	mojaré	mojaría
mojas	mojaste	mojabas	mojarás	mojarías
moja	mojó	mojaba	mojará	mojaría
mojamos	mojamos	mojábamos	mojaremos	mojaríamos
mojáis	mojasteis	mojabais	mojaréis	mojaríais
mojan	mojaron	mojaban	mojarán	mojarían

Present Subjunctive	Imperfect Subjunctive	Imperative	Present Participle	Past Participle
moje	mojara	moja	mojando	mojado
mojes	mojaras	mojes*		
moje	mojara	mojad		
mojemos	mojáramos	mojéis*		
mojéis	mojarais	moje		
mojen	mojaran	mojen		

GOZAR

to enjoy; to possess [as in good health]

Los estudiantes *gozan* de las vacaciones de primavera.
The students enjoy spring break.

Present	Preterite	Imperfect	Future	Conditional
gozo	gocé	gozaba	gozaré	gozaría
gozas	gozaste	gozabas	gozarás	gozarías
goza	gozó	gozaba	gozará	gozaría
gozamos	gozamos	gozábamos	gozaremos	gozaríamos
gozáis	gozasteis	gozabais	gozaréis	gozaríais
gozan	gozaron	gozaban	gozarán	gozarían

Present Subjunctive	Imperfect Subjunctive	Imperative	Present Participle	Past Participle
goce	gozara	goza	gozando	gozado
goces	gozaras	goces*		
goce	gozara	gozad		
gocemos	gozáramos	gocéis*		
gocéis	gozarais	goce		
gocen	gozaran	gocen		

MOJAR(SE)

to wet; to get wet

Quiero que *mojes* la toalla para que te puedas limpiar la cara.
I want you to wet the towel so that you can clean your face.

GRITAR

to scream; to yell

Los aficionados *gritaban* cuando el equipo ganaba.
The fans would shout when the team was winning.

Present	Preterite	Imperfect	Future	Conditional
miro	miré	miraba	miraré	miraría
miras	miraste	mirabas	mirarás	mirarías
mira	miró	miraba	mirará	miraría
miramos	miramos	mirábamos	miraremos	miraríamos
miráis	mirasteis	mirabais	miraréis	miraríais
miran	miraron	miraban	mirarán	mirarían

Present Subjunctive	Imperfect Subjunctive	Imperative	Present Participle	Past Participle
mire	mirara	mira	mirando	mirado
mires	miraras	mires*		
mire	mirara	mirad		
miremos	miráramos	miréis*		
miréis	mirarais	mire		
miren	miraran	miren		

Present	Preterite	Imperfect	Future	Conditional
grito	grité	gritaba	gritaré	gritaría
gritas	gritaste	gritabas	gritarás	gritarías
grita	gritó	gritaba	gritará	gritaría
gritamos	gritamos	gritábamos	gritaremos	gritaríamos
gritáis	gritasteis	gritabais	gritaréis	gritaríais
gritan	gritaron	gritaban	gritarán	gritarían

Present Subjunctive	Imperfect Subjunctive	Imperative	Present Participle	Past Participle
grite	gritara	grita	gritando	gritado
grites	gritaras	grites*		
grite	gritara	gritad		
gritemos	gritáramos	gritéis*		
gritéis	gritarais	grite		
griten	gritaran	griten		

MIRAR

to watch; to look [at]

No debes *mirar* la televisión cuando estudias.
You shouldn't watch television when you study.

GUIAR

to guide, to lead, to show the way

Los padres *guían* la vida de sus hijos.
Parents guide the lives of their children.

Present	Preterite	Imperfect	Future	Conditional
mezclo	mezclé	mezclaba	mezclaré	mezclaría
mezclas	mezclaste	mezclabas	mezclarás	mezclarías
mezcla	mezcló	mezclaba	mezclará	mezclaría
mezclamos	mezclamos	mezclábamos	mezclaremos	mezclaríamos
mezcláis	mezclasteis	mezclabais	mezclaréis	mezclaríais
mezclan	mezclaron	mezclaban	mezclarán	mezclarían

Present Subjunctive	Imperfect Subjunctive	Imperative	Present Participle	Past Participle
mezcle	mezclara	mezcla	mezclando	mezclado
mezcles	mezclaras	mezcles*		
mezcle	mezclara	mezclad		
mezclemos	mezcláramos	mezcléis*		
mezcléis	mezclarais	mezcle		
mezclen	mezclaran	mezclen		

Present	Preterite	Imperfect	Future	Conditional
guío	guié	guiaba	guiaré	guiaría
guías	guiaste	guiabas	guiarás	guiarías
guía	guió	guiaba	giuará	guiaría
guiamos	guiamos	guiábamos	guiaremos	guiaríamos
guiáis	guiasteis	guiabais	guiaréis	guiaríais
guían	guiaron	guiaban	guiarán	guiarían

Present Subjunctive	Imperfect Subjunctive	Imperative	Present Participle	Past Participle
guíe	guiara	guía	guiando	guiado
guíes	guiaras	guíes*		
guíe	guiara	guiad		
guiemos	guiáramos	guiéis*		
guiéis	guiarais	guíe		
guíen	guiaran	guíen		

MEZCLAR

to mix; to scramble

Mezcla todos los ingredientes antes de cocerlos al horno.
Mix all the ingredients before baking.

HABER

to have (auxiliary verb)

El equipo *ha ganado* el partido.
The team has won the game.

Present	Preterite	Imperfect	Future	Conditional
meto	metí	metía	meteré	metería
metes	metiste	metías	meterás	meterías
mete	metió	metía	meterá	metería
metemos	metimos	metíamos	meteremos	meteríamos
metéis	metisteis	metíais	meteréis	meteríais
meten	metieron	metían	meterán	meterían

Present Subjunctive	Imperfect Subjunctive	Imperative	Present Participle	Past Participle
meta	metiera	mete	metiendo	metido
metas	metieras	metas*		
meta	metiera	meted		
metamos	metiéramos	metáis*		
metáis	metierais	meta		
metan	metieran	metan		

Present	Preterite	Imperfect	Future	Conditional
he	hube	había	habré	habría
has	hubiste	habías	habrás	habrías
ha	hubo	había	habrá	habría
hemos	hubimos	habíamos	habremos	habríamos
habéis	hubisteis	habíais	habréis	habríais
han	hubieron	habían	habrán	habrían

Present Subjunctive	Imperfect Subjunctive	Imperative	Present Participle	Past Participle
haya	hubiera	he	habiendo	habido
hayas	hubieras	hayas*		
haya	hubiera	habed		
hayamos	hubiéramos	hayáis*		
hayáis	hubierais	haya		
hayan	hubieran	hayan		

METER

to put; to place in

Mi hermano *metió* su motocicleta en el garage.

My brother put his motorcycle in the garage.

Present	Preterite	Imperfect	Future	Conditional
meriendo	merendé	merendaba	merendaré	merendaría
meriendas	merendaste	merendabas	merendarás	merendarías
merienda	merendó	merendaba	merendará	merendaría
merendamos	merendamos	merendábamos	merendaremos	merendaríamos
merendáis	merendasteis	merendabais	merendaréis	merendaríais
meriendan	merendaron	merendaban	merendarán	merendarían

Present Subjunctive	Imperfect Subjunctive	Imperative	Present Participle	Past Participle
meriende	merendara	merienda	merendando	merendado
meriendes	merendaras	meriendes*		
meriende	merendara	merendad		
merendemos	merendáramos	merendéis*		
merendéis	merendarais	meriende		
merienden	merendaran	merienden		

HACER

to do; to make; to be

Haz tus *deberes* en casa.
Do your chores at home.

Present	Preterite	Imperfect	Future	Conditional
hago	hice	hacía	haré	haría
haces	hiciste	hacías	harás	harías
hace	hizo	hacía	hará	haría
hacemos	hicimos	hacíamos	haremos	haríamos
hacéis	hicisteis	hacíais	haréis	haríais
hacen	hicieron	hacían	harán	harían

Present Subjunctive	Imperfect Subjunctive	Imperative	Present Participle	Past Participle
haga	hiciera	haz	haciendo	hecho
hagas	hicieras	hagas*		
haga	hiciera	haced		
hagamos	hiciéramos	hagáis*		
hagáis	hicierais	haga		
hagan	hicieran	hagan		

MERENDAR

to snack; to eat

Merendamos antes de ir al teatro.
We snack before going to the theatre.

HALLAR

to find, to encounter

Dorotea *halló* la información que quería en la red.
Dorothy found the information she wanted on the Internet.

Present	Preterite	Imperfect	Future	Conditional
merezco	merecí	merecía	mereceré	merecería
mereces	mereciste	merecías	merecerás	merecerías
merece	mereció	merecía	merecerá	merecería
merecemos	merecimos	merecíamos	mereceremos	mereceríamos
merecéis	merecisteis	merecíais	mereceréis	mereceríais
merecen	merecieron	merecían	merecerán	merecerían

Present Subjunctive	Imperfect Subjunctive	Imperative	Present Participle	Past Participle
merezca	mereciera	merece	mereciendo	merecido
merezcas	merecieras	merezcas*		
merezca	mereciera	mereced		
merezcamos	mereciéramos	merezcáis*		
merezcáis	merecierais	merezca		
merezcan	merecieran	merezcan		

Present	Preterite	Imperfect	Future	Conditional
hallo	hallé	hallaba	hallaré	hallaría
hallas	hallaste	hallabas	hallarás	hallarías
halla	halló	hallaba	hallará	hallaría
hallamos	hallamos	hallábamos	hallaremos	hallaríamos
halláis	hallasteis	hallabais	hallaréis	hallaríais
hallan	hallaron	hallaban	hallarán	hallarían

Present Subjunctive	Imperfect Subjunctive	Imperative	Present Participle	Past Participle
halle	hallara	halla	hallando	hallado
halles	hallaras	halles*		
halle	hallara	hallad		
hallemos	halláramos	halléis*		
halléis	hallarais	halle		
hallen	hallaran	hallen		

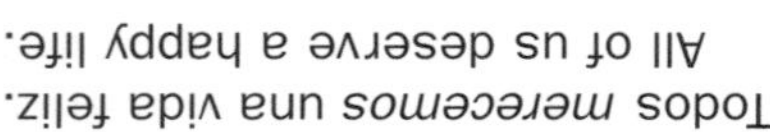

MERECER

to deserve; to merit

Todos *merecemos* una vida feliz.
All of us deserve a happy life.

HERVIR

to boil

Por la mañana, *hiervo* un huevo para el desayuno.
In the morning, I boil an egg for breakfast.

Present	Preterite	Imperfect	Future	Conditional
miento	mentí	mentía	mentiré	mentiría
mientes	mentiste	mentías	mentirás	mentirías
miente	mintió	mentía	mentirá	mentiría
mentimos	mentimos	mentíamos	mentiremos	mentiríamos
mentís	mentisteis	mentíais	mentiréis	mentiríais
mienten	mintieron	mentían	mentirán	mentirían

Present Subjunctive	Imperfect Subjunctive	Imperative	Present Participle	Past Participle
mienta	mintiera	miente	mintiendo	mentido
mientas	mintieras	mientas*		
mienta	mintiera	mentid		
mintamos	mintiéramos	mintáis*		
mintáis	mintierais	mienta		
mientan	mintieran	mientan		

Present	Preterite	Imperfect	Future	Conditional
hiervo	herví	hervía	herviré	herviría
hierves	herviste	hervías	hervirás	hervirías
hierve	hirvió	hervía	hervirá	herviría
hervimos	hervimos	hervíamos	herviremos	herviríamos
hervís	hervisteis	hervíais	herviréis	herviríais
hierven	hirvieron	hervían	hervirán	hervirían

Present Subjunctive	Imperfect Subjunctive	Imperative	Present Participle	Past Participle
hierva	hirviera		hirviendo	hervido
hiervas	hirvieras	hierve		
hierva	hirviera	hiervas*		
hirvamos	hirviéramos	hervid		
hirváis	hirvierais	hirváis*		
hiervan	hirvieran	hierva		
		hiervan		

MENTIR

to lie [about the truth]

Nunca *mientas* a tus amigos.
Never lie to your friends.

Present	Preterite	Imperfect	Future	Conditional
mejoro	mejoré	mejoraba	mejoraré	mejoraría
mejoras	mejoraste	mejorabas	mejorarás	mejorarías
mejora	mejoró	mejoraba	mejorará	mejoraría
mejoramos	mejoramos	mejorábamos	mejoraremos	mejoraríamos
mejoráis	mejorasteis	mejorabais	mejoraréis	mejoraríais
mejoran	mejoraron	mejoraban	mejorarán	mejorarían

Present Subjunctive	Imperfect Subjunctive	Imperative	Present Participle	Past Participle
mejore	mejorara	mejora	mejorando	mejorado
mejores	mejoraras	mejores*		
mejore	mejorara	mejorad		
mejoremos	mejoráramos	mejoréis*		
mejoréis	mejorarais	mejore		
mejoren	mejoraran	mejoren		

HONRAR

to honor; to respect

El gobierno *honra* a los soldados.
The government honors the soldiers.

Present	Preterite	Imperfect	Future	Conditional
honro	honré	honraba	honraré	honraría
honras	honraste	honrabas	honrarás	honrarías
honra	honró	honraba	honrará	honraría
honramos	honramos	honrábamos	honraremos	honraríamos
honráis	honrasteis	honrabais	honraréis	honraríais
honran	honraron	honraban	honrarán	honrarían

Present Subjunctive	Imperfect Subjunctive	Imperative	Present Participle	Past Participle
honre	honrara	honra	honrando	honrado
honres	honraras	honres*		
honre	honrara	honrad		
honremos	honráramos	honréis*		
honréis	honrarais	honre		
honren	honraran	honren		

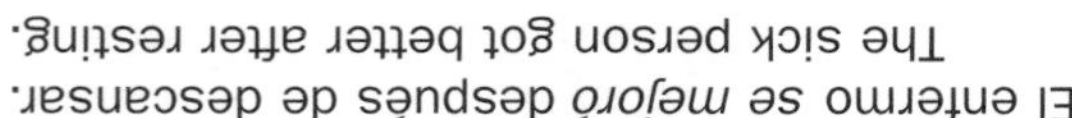

El enfermo se *mejoró* después de descansar.
The sick person got better after resting.

to better; to get better; to make better

MEJORAR(SE)

Present	Preterite	Imperfect	Future	Conditional
mido	medí	medía	mediré	mediría
mides	mediste	mediías	medirás	medirías
mide	midió	medía	medirá	mediría
medimos	medimos	medíamos	mediremos	mediríamos
medís	medisteis	medíais	mediréis	mediríais
miden	midieron	medían	medirán	medirían

Present Subjunctive	Imperfect Subjunctive	Imperative	Present Participle	Past Participle
mida	midiera	mide	midiendo	medido
midas	midieras	midas*		
mida	midiera	medid		
midamos	midiéramos	midáis*		
midáis	midierais	mida		
midan	midieran	midan		

HUIR

to flee; to escape

El criminal *huye* de la policía.
The criminal flees from the police.

Present	Preterite	Imperfect	Future	Conditional
huyo	huí	huía	huiré	huiría
huyes	huiste	huías	huirás	huirías
huye	huyó	huía	huirá	huiría
huimos	huimos	huíamos	huiremos	huiríamos
huís	huisteis	huíais	huiréis	huiríais
huyen	huyeron	huían	huirán	huirían

Present Subjunctive	Imperfect Subjunctive	Imperative	Present Participle	Past Participle
huya	huyera	huye	huyendo	huido
huyas	huyeras	huyas*		
huya	huyera	huid		
huyamos	huyéramos	huyáis*		
huyáis	huyerais	huya		
huyan	huyeran	huyan		

MEDIR

to measure; to gauge

Antes de comprar zapatos, se debe *medir* los pies.
Before you buy shoes, you should measure your feet.

HUNDIR(SE)

to sink; to submerge

El barco *se hundió* en plena mar.
The boat sank in the middle of the sea.

Present	Preterite	Imperfect	Future	Conditional
mato	maté	mataba	mataré	mataría
matas	mataste	matabas	matarás	matarías
mata	mató	mataba	matará	mataría
matamos	matamos	matábamos	mataremos	mataríamos
matáis	matasteis	matabais	mataréis	mataríais
matan	mataron	mataban	matarán	matarían

Present Subjunctive	Imperfect Subjunctive	Imperative	Present Participle	Past Participle
mate	matara	mata	matando	matado
mates	mataras	mates*		
mate	matara	matad		
matemos	matáramos	matéis*		
matéis	matarais	mate		
maten	mataran	maten		

Present	**Preterite**	**Imperfect**	**Future**	**Conditional**
hundo	hundí	hundía	hundiré	hundiría
hundes	hundiste	hundías	hundirás	hundirías
hunde	hundió	hundía	hundirá	hundiría
hundimos	hundimos	hundíamos	hundiremos	hundiríamos
hundís	hundisteis	hundíais	hundiréis	hundiríais
hunden	hundieron	hundían	hundirán	hundirían

Present Subjunctive	**Imperfect Subjunctive**	**Imperative**	**Present Participle**	**Past Participle**
hunda	hundiera	hunde	hundiendo	hundido
hundas	hundieras	hundas*		
hunda	hundiera	hundid		
hundamos	hundiéramos	hundáis*		
hundáis	hundierais	hunda		
hundan	hundieran	hundan		

MATAR(SE)

to kill [oneself]

El soldado *mató* al enemigo.
The soldier killed the enemy.

IMPEDIR

to prevent; to hinder, to obstruct

La falta de dinero me *impidió* viajar a España.
The lack of money prevented my travel to Spain.

Present	Preterite	Imperfect	Future	Conditional
marco	marqué	marcaba	marcaré	marcaría
marcas	marcaste	marcabas	marcarás	marcarías
marca	marcó	marcaba	marcará	marcaría
marcamos	marcamos	marcábamos	marcaremos	marcaríamos
marcáis	marcasteis	marcabais	marcaréis	marcaríais
marcan	marcaron	marcaban	marcarán	marcarían

Present Subjunctive	Imperfect Subjunctive	Imperative	Present Participle	Past Participle
marque	marcara	marca	marcando	marcado
marques	marcaras	marques*		
marque	marcara	marcad		
marquemos	marcáramos	marquéis*		
marquéis	marcarais	marque		
marquen	marcaran	marquen		

Present
impido
impides
impide
impedimos
impedís
impiden

Preterite
impedí
impediste
impidió
impedimos
impedisteis
impidieron

Imperfect
impedía
impedías
impedía
impedíamos
impedíais
impedían

Future
impediré
impedirás
impedirá
impediremos
impediréis
impedirán

Conditional
impediría
impedirías
impediría
impediríamos
impediríais
impedirían

Present Subjunctive
impida
impidas
impida
impidamos
impidáis
impidan

Imperfect Subjunctive
impidiera
impidieras
impidiera
impidiéramos
impidierais
impidieran

Imperative
impide
impidas*
impedid
impidáis*
impida
impidan

Present Participle
impidiendo

Past Participle
impedido

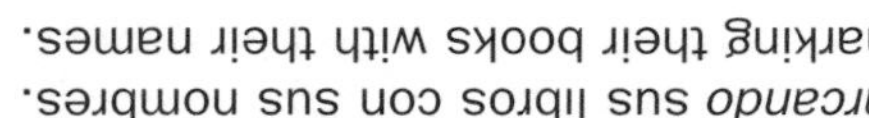

MARCAR

to mark; to brand; to beat [time]

Los niños están *marcando* sus libros con sus nombres.
The children are marking their books with their names.

IMPORTAR

to matter, to be of importance

Importa que ellos presten atención en la clase.
It is important that they pay attention in class.

Present	Preterite	Imperfect	Future	Conditional
mantengo	mantuve	mantenía	mantendré	mantendría
mantienes	mantuviste	mantenías	mantendrás	mantendrías
mantiene	mantuvo	mantenía	mantendrá	mantendría
mantenemos	mantuvimos	manteníamos	mantendremos	mantendríamos
mantenéis	mantuvisteis	manteníais	mantendréis	mantendríais
mantienen	mantuvieron	mantenían	mantendrán	mantendrían

Present Subjunctive	Imperfect Subjunctive	Imperative	Present Participle	Past Participle
mantenga	mantuviera	mantén	manteniendo	mantenido
mantengas	mantuvieras	mantengas*		
mantenga	mantuviera	mantened		
mantengamos	mantuviéramos	mantengáis*		
mantengáis	mantuvierais	mantenga		
mantengan	mantuvieran	mantengan		

Present	Preterite	Imperfect	Future	Conditional
importo	importé	importaba	importaré	importaría
importas	importaste	importabas	importarás	importarías
importa	importó	importaba	importará	importaría
importamos	importamos	importábamos	importaremos	importaríamos
importáis	importasteis	importabais	importaréis	importaríais
importan	importaron	importaban	importarán	importarían

Present Subjunctive	Imperfect Subjunctive	Imperative	Present Participle	Past Participle
importe	importara	importa	importando	importado
importes	importaras	importes*		
importe	importara	importad		
importemos	importáramos	importéis*		
importéis	importarais	importe		
importen	importaran	importen		

MANTENER(SE)

to maintain; to support

El padre *mantiene* a su familia.
The father supports his family.

IMPRESIONAR

to impress ; to affect; to influence

El arte de Dalí me *impresiona* mucho.
Dali's art impresses me a lot.

Present	Preterite	Imperfect	Future	Conditional
manejo	manejé	manejaba	manejaré	manejaría
manejas	manejaste	manejabas	manejarás	manejarías
maneja	manejó	manejaba	manejará	manejaría
manejamos	manejamos	manejábamos	manejaremos	manejaríamos
manejáis	manejasteis	manejabais	manejaréis	manejaríais
manejan	manejaron	manejaban	manejarán	manejarían

Present Subjunctive	Imperfect Subjunctive	Imperative	Present Participle	Past Participle
maneje	manejara	maneja	manejando	manejado
manejes	manejaras	manejes*		
maneje	manejara	manejad		
manejemos	manejáramos	manejéis*		
manejéis	manejarais	maneje		
manejen	manejaran	manejen		

Present	Preterite	Imperfect	Future	Conditional
impresiono	impresioné	impresionaba	impresionaré	impresionaría
impresionas	impresionaste	impresionabas	impresionarás	impresionarías
impresiona	impresionó	impresionaba	impresionará	impresionaría
impresionamos	impresionamos	impresionábamos	impresionaremos	impresionaríamos
impresionáis	impresionasteis	impresionabais	impresionaréis	impresionaríais
impresionan	impresionaron	impresionaban	impresionarán	impresionarían

Present Subjunctive	Imperfect Subjunctive	Imperative	Present Participle	Past Participle
impresione	impresionara	impresiona	impresionando	impresionado
impresiones	impresionaras	impresiones*		
impresione	impresionara	impresionad		
impresionemos	impresionáramos	impresionéis*		
impresionéis	impresionara	impresione		
impresionen	impresionaran	impresionen		

MANEJAR

to manage; to drive

¿Qué modelo de coche *manejas*?
What model car do you drive?

INCLUIR

to include

El plato del día *incluye* la bebida.
The special of the day includes a drink.

Present	Preterite	Imperfect	Future	Conditional
mando	mandé	mandaba	mandaré	mandaría
mandas	mandaste	mandabas	mandarás	mandarías
manda	mandó	mandaba	mandará	mandaría
mandamos	mandamos	mandábamos	mandaremos	mandaríamos
mandáis	mandasteis	mandabais	mandaréis	mandaríais
mandan	mandaron	mandaban	mandarán	mandarían

Present Subjunctive	Imperfect Subjunctive	Imperative	Present Participle	Past Participle
mande	mandara	manda	mandando	mandado
mandes	mandaras	mandes*		
mande	mandara	mandad		
mandemos	mandáramos	mandéis*		
mandéis	mandarais	mande		
manden	mandaran	manden		

Present	**Preterite**	**Imperfect**	**Future**	**Conditional**
incluyo	incluí	incluía	incluiré	incluiría
incluyes	incluiste	incluías	incluirás	incluirías
incluye	incluyó	incluía	incluirá	incluiría
incluimos	incluimos	incluíamos	incluiremos	incluiríamos
incluís	incluisteis	incluíais	incluréis	incluiríais
incluyen	incluyeron	incluían	incluirán	incluirían

Present Subjunctive	**Imperfect Subjunctive**	**Imperative**	**Present Participle**	**Past Participle**
incluya	incluyera	incluye	incluyendo	incluido
incluyas	incluyeras	incluyas*		
incluya	incluyera	incluid		
incluyamos	incluyéramos	incluyáis*		
incluyáis	incluyerais	incluya		
incluyan	incluyeran	incluyan		

MANDAR

to send; to order

Mándame tu nueva dirección cuando me escribas.
Send me your new address when you write to me.

INCORPORAR(SE)

to incorporate; to unite; to sit up

Las dos lecturas *incorporan* el tema de *carpe diem*.
The two reading selections incorporate the theme of *carpe diem*.

Present	Preterite	Imperfect	Future	Conditional
mancho	manché	manchaba	mancharé	mancharía
manchas	manchaste	manchabas	mancharás	mancharías
mancha	manchó	manchaba	manchará	mancharía
manchamos	manchamos	manchábamos	mancharemos	mancharíamos
mancháis	manchasteis	manchabais	mancharéis	mancharíais
manchan	mancharon	manchaban	mancharán	mancharían

Present Subjunctive	Imperfect Subjunctive	Imperative	Present Participle	Past Participle
manche	manchara	mancha	manchando	manchado
manches	mancharas	manches*		
manche	manchara	manchad		
manchemos	mancháramos	manchéis*		
manchéis	mancharais	manche		
manchen	mancharan	manchen		

Present	Preterite	Imperfect	Future	Conditional
incorporo	incorporé	incorporaba	incorporaré	incorporaría
incorporas	incorporaste	incorporabas	incorporarás	incorporarías
incorpora	incorporó	incorporaba	incorporará	incorporaría
incorporamos	incorporamos	incorporábamos	incorporaremos	incorporaríamos
incomporáis	incorporasteis	incorporabais	incorporaréis	incorporaríais
incorporan	incorporaron	incorporaban	incorporarán	incorporarían

Present Subjunctive	Imperfect Subjunctive	Imperative	Present Participle	Past Participle
incorpore	incorporara	incorpora	incorporando	incorporado
incorpores	incorporaras	incorpores*		
incorpore	incorporara	incorporad		
incorporemos	incorporáramos	incorporéis*		
incorporéis	incorporarais	incorpore		
incorporen	incorporaran	incorporen		

MANCHAR

to stain; to get dirty; to tarnish

Patricio, no te manches la camisa.
Patrick, don't get your shirt dirty.

Present	Preterite	Imperfect	Future	Conditional
lucho	luché	luchaba	lucharé	lucharía
luchas	luchaste	luchabas	lucharás	lucharías
lucha	luchó	luchaba	luchará	lucharía
luchamos	luchamos	luchábamos	lucharemos	lucharíamos
lucháis	luchasteis	luchabais	lucharéis	lucharíais
luchan	lucharon	luchaban	lucharán	lucharían

Present Subjunctive	Imperfect Subjunctive	Imperative	Present Participle	Past Participle
luche	luchara	lucha	luchando	luchado
luches	lucharas	luches*		
luche	luchara	luchad		
luchemos	lucháramos	luchéis*		
luchéis	lucharais	luche		
luchen	lucharan	luchen		

INDICAR

to indicate

Las direcciones *indican* donde queda el museo.
The directions indicate where the museum is located.

Present	Preterite	Imperfect	Future	Conditional
indico	indiqué	indicaba	indicaré	indicaría
indicas	indicaste	indicabas	indicarás	indicarías
indica	indicó	indicaba	indicará	indicaría
indicamos	indicamos	indicábamos	indicaremos	indicaríamos
indicáis	indicasteis	indicabais	indicaréis	indicaríais
indican	indicaron	indicaban	indicarán	indicarían

Present Subjunctive	Imperfect Subjunctive	Imperative	Present Participle	Past Participle
indique	indicara	indica	indicando	indicado
indiques	indicaras	indiques*		
indique	indicara	indicad		
indiquemos	indicáramos	indiquéis*		
indiquéis	indicarais	indique		
indiquen	indicaran	indiquen		

LUCHAR

to struggle; to fight; to wrestle

El criminal *lucha* con su conciencia.

The criminal struggles with his conscience.

INFLUIR

to influence

Mis padres *influyeron* mi decisión de no fumar.
My parents influenced my decision not to smoke.

Present	Preterite	Imperfect	Future	Conditional
logro	logré	lograba	lograré	lograría
logras	lograste	lograbas	lograrás	lograrías
logra	logró	lograba	logrará	lograría
logramos	logramos	lográbamos	lograremos	lograríamos
lográis	lograsteis	lograbais	lograréis	lograríais
logran	lograron	lograban	lograrán	lograrían

Present Subjunctive	Imperfect Subjunctive	Imperative	Present Participle	Past Participle
logre	lograra	logra	logrando	logrado
logres	lograras	logres*		
logre	lograra	lograd		
logremos	lográramos	logréis*		
logréis	lograrais	logre		
logren	lograran	logren		

Present	Preterite	Imperfect	Future	Conditional
influyo	influí	influía	influiré	influiría
influyes	influiste	influías	influirás	influirías
influye	influyó	influía	influirá	influiría
influimos	influimos	influíamos	influiremos	influiríamos
influís	influisteis	influíais	influiréis	influiríais
influyen	influyeron	influían	influirán	influirían

Present Subjunctive	Imperfect Subjunctive	Imperative	Present Participle	Past Participle
influya	influyera	influye	influyendo	influido
influyas	influyeras	influyas*		
influya	influyera	influid		
influyamos	influyéramos	influyáis*		
influyais	influyerais	influya		
influyan	influyeran	influyan		

LOGRAR

to attain; to achieve; to succeed

El estudiante *logró* aprobar todos sus exámenes.
The student succeeded in passing all his exams.

INFORMAR(SE)

to inform; to report; to get information

El decano *nos informó* de los nuevos programas académicos.
The dean informed us of the new academic programs.

Present	Preterite	Imperfect	Future	Conditional
lloro	lloré	lloraba	lloraré	lloraría
lloras	lloraste	llorabas	llorarás	llorarías
llora	lloró	lloraba	llorará	lloraría
lloramos	lloramos	llorábamos	lloraremos	lloraríamos
lloráis	llorasteis	llorabais	lloraréis	lloraríais
lloran	lloraron	lloraban	llorarán	llorarían

Present Subjunctive	Imperfect Subjunctive	Imperative	Present Participle	Past Participle
llore	llorara	llora	llorando	llorado
llores	lloraras	llores*		
llore	llorara	llorad		
lloremos	lloráramos	lloréis*		
lloréis	llorarais	llore		
lloren	lloraran	lloren		

Present	Preterite	Imperfect	Future	Conditional
informo	informé	informaba	informaré	informaría
informas	informaste	informabas	informarás	informarías
informa	informó	informaba	informará	informaría
informamos	informamos	informábamos	informaremos	informaríamos
informáis	informasteis	informabais	informaréis	informaríais
informan	informaron	informaban	informarán	informarían

Present Subjunctive	Imperfect Subjunctive	Imperative	Present Participle	Past Participle
informe	informara	informa	informando	informado
informes	informaras	informes*		
informe	informara	informad		
informemos	informáramos	informéis*		
informéis	informarais	informe		
informen	informaran	informen		

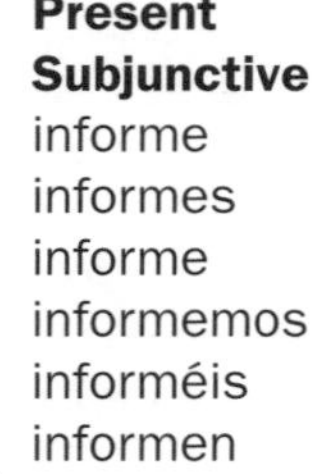

LLORAR

to cry

¿Por qué *lloran* los niños?

Why are the children crying?

INICIAR

to begin; to start; to commence

Margarita *inició* sus estudios de medicina el año pasado.
Margaret began her medical studies last year.

Present	Preterite	Imperfect	Future	Conditional
llevo	llevé	llevaba	llevaré	llevaría
llevas	llevaste	llevabas	llevarás	llevarías
lleva	llevó	llevaba	llevará	llevaría
llevamos	llevamos	llevábamos	llevaremos	llevaríamos
llevái s	llevasteis	llevabais	llevaréis	llevaríais
llevan	llevaron	llevaban	llevarán	llevarían

Present Subjunctive	Imperfect Subjunctive	Imperative	Present Participle	Past Participle
lleve	llevara	lleva	llevando	llevado
lleves	llevaras	lleves*		
lleve	llevara	llevad		
llevemos	lleváramos	llevéis*		
llevéis	llevarais	lleve		
lleven	llevaran	lleven		

Present	Preterite	Imperfect	Future	Conditional
inicio	inicié	iniciaba	iniciaré	iniciaría
inicias	iniciaste	iniciabas	iniciarás	iniciarías
inicia	inició	iniciaba	iniciará	iniciaría
iniciamos	iniciamos	iniciábamos	iniciaremos	iniciaríamos
iniciáis	iniciasteis	inciciabais	iniciaréis	iniciaríais
inician	iniciaron	iniciaban	iniciarán	inciarían

Present Subjunctive	Imperfect Subjunctive	Imperative	Present Participle	Past Participle
inicie	iniciara	inicia	iniciando	iniciado
inicies	iniciaras	inicies*		
inicie	iniciara	iniciad		
iniciemos	iniciáramos	iniciéis*		
iniciéis	iniciarais	inicie		
inicien	iniciaran	incien		

LLEVAR

to take; to carry

¿Adónde *llevan* Uds. esos papeles?

Where are you taking those papers?

INQUIETAR(SE)

to disturb; to worry; to perturb

Me inquieto mucho por la situación en el Medio Oriente.
I am very disturbed by the situation in the Middle East.

Present	Preterite	Imperfect	Future	Conditional
llego	llegué	llegaba	llegaré	llegaría
llegas	llegaste	llegabas	llegarás	llegarías
llega	llegó	llegaba	llegará	llegaría
llegamos	llegamos	llegábamos	llegaremos	llegaríamos
llegáis	llegasteis	llegabais	llegaréis	llegaríais
llegan	llegaron	llegaban	llegarán	llegarían

Present Subjunctive	Imperfect Subjunctive	Imperative	Present Participle	Past Participle
llegue	llegara	llega	llegando	llegado
llegues	llegaras	llegues*		
llegue	llegara	llegad		
lleguemos	llegáramos	lleguéis*		
lleguéis	llegarais	llegue		
lleguen	llegaran	lleguen		

Present
inquieto
inquietas
inquieta
inquietamos
inquietáis
inquietan

Preterite
inquieté
inquietaste
inquietó
inquietamos
inquietasteis
inquietaron

Imperfect
inquietaba
inquietabas
inquietaba
inquietábamos
inquietabais
inquietaban

Future
inquietaré
inquietarás
inquietará
inquietaremos
inquietaréis
inquietarán

Conditional
inquietaría
inquietarías
inquietaría
inquietaríamos
inquietaríais
inquietarían

Present Subjunctive
inquiete
inquietes
inquiete
inquietemos
inquietéis
inquieten

Imperfect Subjunctive
inquietara
inquietaras
inquietara
inquietáramos
inquietarais
inquietaran

Imperative
inquieta
inquietes*
inquietad
inquietéis*
inquiete
inquieten

Present Participle
inquietando

Past Participle
inquietado

LLEGAR

to arrive; to come

El invierno *llegó* temprano este año.
Winter arrived early this year.

INSCRIBIR(SE)

to register; to enroll

Los padres *inscribieron* a sus hijos en clases especiales.
The parents enrolled their children in special classes.

Present	Preterite	Imperfect	Future	Conditional
llamo	llamé	llamaba	llamaré	llamaría
llamas	llamaste	llamabas	llamarás	llamarías
llama	llamó	llamaba	llamará	llamaría
llamamos	llamamos	llamábamos	llamaremos	llamaríamos
llamáis	llamasteis	llamabais	llamaréis	llamaríais
llaman	llamaron	llamaban	llamarán	llamarían

Present Subjunctive	Imperfect Subjunctive	Imperative	Present Participle	Past Participle
llame	llamara	llama	llamando	llamado
llames	llamaras	llames*		
llame	llamara	llamad		
llamemos	llamáramos	llaméis*		
llaméis	llamarais	llame		
llamen	llamaran	llamen		

Present	Preterite	Imperfect	Future	Conditional
inscribo	inscribí	inscribía	inscribiré	inscribiría
inscribes	inscribiste	inscribías	inscribirás	inscribirías
inscribe	inscribió	inscribía	inscribirá	inscribiría
inscribimos	inscribimos	inscribíamos	inscribiremos	inscribiríamos
inscribís	inscribisteis	inscribíais	inscribiréis	inscribiríais
inscriben	inscribieron	inscribían	inscribirán	inscribirían

Present Subjunctive	Imperfect Subjunctive	Imperative	Present Participle	Past Participle
inscriba	inscribiera	inscribe	inscribiendo	inscrito
inscribas	inscribieras	inscribas*		
inscriba	inscribiera	inscribid		
inscribamos	inscribiéramos	inscribáis*		
inscribáis	inscribierais	inscriba		
inscriban	inscribieran	inscriban		

LLAMAR(SE)

to call [oneself]; to name

¿Quién te *ha llamado* por teléfono hoy?

Who has called you on the telephone today?

INSISTIR

to insist

Es inútil que *insistas* en tu inocencia.
It is useless for you to insist on your innocence.

Present	Preterite	Imperfect	Future	Conditional
limpio	limpié	limpiaba	limpiaré	limpiaría
limpias	limpiaste	limpiabas	limpiarás	limpiarías
limpia	limpió	limpiaba	limpiará	limpiaría
limpiamos	limpiamos	limpiábamos	limpiaremos	limpiaríamos
limpiáis	limpiasteis	limpiabais	limpiaréis	limpiaríais
limpian	limpiaron	limpiaban	limpiarán	limpiarían

Present Subjunctive	Imperfect Subjunctive	Imperative	Present Participle	Past Participle
limpie	limpiara	limpia	limpiando	limpiado
limpies	limpiaras	limpies*		
limpie	limpiara	limpiad		
limpiemos	limpiáramos	limpiéis*		
limpiéis	limpiarais	limpie		
limpien	limpiaran	limpien		

Present	Preterite	Imperfect	Future	Conditional
insisto	insistí	insistía	insistiré	insistiría
insistes	insististe	insistías	insistirás	insistirías
insiste	insistió	insistía	insistirá	insistiría
insistimos	insistimos	insistíamos	insistiremos	insistiríamos
insistís	insististeis	insistíais	insistiréis	insistiríais
insisten	insistieron	insistían	insistirán	insistirían

Present Subjunctive	Imperfect Subjunctive	Imperative	Present Participle	Past Participle
insista	insistiera	insiste	insistiendo	insistido
insistas	insistieras	insistas*		
insista	insistiera	insistid		
insistamos	insistiéramos	insistáis*		
insistáis	insistierais	insista		
insistan	insistieran	insistan		

LIMPIAR(SE)

to clean; to wipe clean

Limpia tus gafas para que puedas leer mejor.

Clean your eyeglasses so that you can read better.

Present	Preterite	Imperfect	Future	Conditional
levanto	levanté	levantaba	levantaré	levantaría
levantas	levantaste	levantabas	levantarás	levantarías
levanta	levantó	levantaba	levantará	levantaría
levantamos	levantamos	levantábamos	levantaremos	levantaríamos
levantáis	levantasteis	levantabais	levantaréis	levantaríais
levantan	levantaron	levantaban	levantarán	levantarían

Present Subjunctive	Imperfect Subjunctive	Imperative	Present Participle	Past Participle
levante	levantara	levanta	levantando	levantado
levantes	levantaras	levantes*		
levante	levantara	levantad		
levantemos	levantáramos	levantéis*		
levantéis	levantarais	levante		
levanten	levantaran	levanten		

INTRODUCIR

to introduce; to bring in; to place

El modista nos *introdujo* a una nueva moda.
The fashion designer introduced us to a new fashion.

Present	Preterite	Imperfect	Future	Conditional
introduzco	introduje	introducía	introduciré	introduciría
introduces	introdujiste	introducías	introducirás	introducirías
introduce	introdujo	introducía	introducirá	introduciría
introducimos	introdujimos	introducíamos	introduciremos	introduciríamos
introducís	introdujisteis	introducíais	introduciréis	introduciríais
introducen	introdujeron	introducían	introducirán	introducirían

Present Subjunctive	Imperfect Subjunctive	Imperative	Present Participle	Past Participle
introduzca	introdujera	introduce	introduciendo	introducido
introduzcas	introdujeras	introduzcas*		
introduzca	introdujera	introducid		
introduzcamos	introdujéramos	introduzcáis*		
introduzcáis	introdujerais	introduzca		
introduzcan	introdujeran	introduzcan		

LEVANTAR(SE)

to raise; to rise; to get up

Me levanto muy temprano por la mañana.
I get up very early in the morning.

Present	Preterite	Imperfect	Future	Conditional
leo	leí	leía	leeré	leería
lees	leíste	leías	leerás	leerías
lee	leyó	leía	leerá	leería
leemos	leímos	leíamos	leeremos	leeríamos
leéis	leísteis	leíais	leeréis	leeríais
leen	leyeron	leían	leerán	leerían

Present Subjunctive	Imperfect Subjunctive	Imperative	Present Participle	Past Participle
lea	leyera	lee	leyendo	leído
leas	leyeras	leas*		
lea	leyera	leed		
leamos	leyéramos	leáis*		
leáis	leyerais	lea		
lean	leyeran	lean		

INVOLUCRAR(SE)

to involve; to get involved

Manuel *se involucró* en una situación difícil.
Manuel got involved in a difficult situation.

Present
involucro
involucras
involucra
involucramos
involucráis
involucran

Preterite
involucré
involucraste
involucró
involucramos
involucrasteis
involucraron

Imperfect
involucraba
involucrabas
involucraba
involucrábamos
involucrabais
involucraban

Future
involucraré
involucrarás
involucrará
involucraremos
involucraréis
involucrarán

Conditional
involucraría
involucrarías
involucraría
involucraríamos
involucraríais
involucrarían

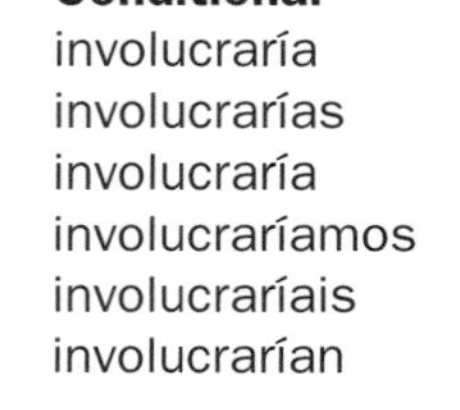

Present Subjunctive
involucre
involucres
involucre
involucremos
involucréis
involucren

Imperfect Subjunctive
involucrara
involucraras
involucrara
involucráramos
involucrarais
involucraran

Imperative
involucra
involucres*
involucrad
involucréis*
involucre
involucren

Present Participle
involucrando

Past Participle
involucrado

LEER

to read

En la clase, los alumnos *leen* en voz alta.
The students read aloud in class.

Present	Preterite	Imperfect	Future	Conditional
lavo	lavé	lavaba	lavaré	lavaría
lavas	lavaste	lavabas	lavarás	lavarías
lava	lavó	lavaba	lavará	lavaría
lavamos	lavamos	lavábamos	lavaremos	lavaríamos
laváis	lavasteis	lavabais	lavaréis	lavaríais
lavan	lavaron	lavaban	lavarán	lavarían

Present Subjunctive	Imperfect Subjunctive	Imperative	Present Participle	Past Participle
lave	lavara	lava	lavando	lavado
laves	lavaras	laves*		
lave	lavara	lavad		
lavemos	laváramos	lavéis*		
lavéis	lavarais	lave		
laven	lavaran	laven		

IR

to go; to go away

¿Cuándo *vas* a la tienda de comestibles?
When are you going to the grocery store?

Present	Preterite	Imperfect	Future	Conditional
voy	fui	iba	iré	iría
vas	fuiste	ibas	irás	irías
va	fue	iba	irá	iría
vamos	fuimos	íbamos	iremos	iríamos
vais	fuisteis	ibais	iréis	iríais
van	fueron	iban	irán	irían

Present Subjunctive	Imperfect Subjunctive	Imperative	Present Participle	Past Participle
vaya	fuera	ve	yendo	ido
vayas	fueras	vayas*		
vaya	fuera	id		
vayamos	fuéramos	vayáis*		
vayáis	fuerais	vaya		
vayan	fueran	vayan		

LAVARSE(SE)

to wash [oneself]

Nostros *lavamos* los platos después de la cena.
We wash the dishes after dinner.

JUBILAR(SE)

to retire [from a profession or job]

Mi abuelo *se jubiló* después de haber trabajado cuarenta años.
My grandfather retired after working 40 years.

Present	Preterite	Imperfect	Future	Conditional
lastimo	lastimé	lastimaba	lastimaré	lastimaría
lastimas	lastimaste	lastimabas	lastimarás	lastimarías
lastima	lastimó	lastimaba	lastimará	lastimaría
lastimamos	lastimamos	lastimábamos	lastimaremos	lastimaríamos
lastimáis	lastimasteis	lastimabais	lastimaréis	lastimaríais
lastiman	lastimaron	lastimaban	lastimarán	lastimarían

Present Subjunctive	Imperfect Subjunctive	Imperative	Present Participle	Past Participle
lastime	lastimara	lastima	lastimando	lastimado
lastimes	lastimaras	lastimes*		
lastime	lastimara	lastimad		
lastimemos	lastimáramos	lastiméis*		
lastiméis	lastimarais	lastime		
lastimen	lastimaran	lastimen		

Present	Preterite	Imperfect	Future	Conditional
jubilo	jubilé	jubilaba	jubilaré	jubilaría
jubilas	jubilaste	jubilabas	jubilarás	jubilarías
jubila	jubiló	jubilaba	jubilará	jubilaría
jubilamos	jubilamos	jubilábamos	jubilaremos	jubilaríamos
jubiláis	jubilasteis	jubilabais	jubilaréis	jubilaríais
jubilan	jubilaron	jubilaban	jubilarán	jubilarían

Present Subjunctive	Imperfect Subjunctive	Imperative	Present Participle	Past Participle
jubile	jubilara	jubila	jubilando	jubilado
jubiles	jubilaras	jubiles*		
jubile	jubilara	jubilad		
jubilemos	jubiláramos	jubiléis*		
jubiléis	jubilarais	jubile		
jubilen	jubilaran	jubilen		

LASTIMAR(SE)

to hurt [oneself]

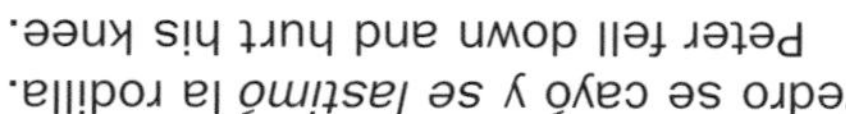

Pedro se cayó y *se lastimó* la rodilla.
Peter fell down and hurt his knee.

Present	Preterite	Imperfect	Future	Conditional
juzgo	juzgué	juzgaba	juzgaré	juzgaría
juzgas	juzgaste	juzgabas	juzgarás	juzgarías
juzga	juzgó	juzgaba	juzgará	juzgaría
juzgamos	juzgamos	juzgábamos	juzgaremos	juzgaríamos
juzgáis	juzgasteis	juzgabais	juzgaréis	juzgaríais
juzgan	juzgaron	juzgaban	juzgarán	juzgarían

Present Subjunctive	Imperfect Subjunctive	Imperative	Present Participle	Past Participle
juzgue	juzgara	juzga	juzgando	juzgado
juzgues	juzgaras	juzgues*		
juzgue	juzgara	juzgad		
juzguemos	juzgáramos	juzguéis*		
juzguéis	juzgarais	juzgue		
juzguen	juzgaran	juzguen		

JUGAR

to play [a game]

Las niñas *juegan* durante el período de recreo.
The girls play during recess.

Present	Preterite	Imperfect	Future	Conditional
juego	jugué	jugaba	jugaré	jugaría
juegas	jugaste	jugabas	jugarás	jugarías
juega	jugó	jugaba	jugará	jugaría
jugamos	jugamos	jugábamos	jugaremos	jugaríamos
jugáis	jugasteis	jugabais	jugaréis	jugaríais
juegan	jugaron	jugaban	jugarán	jugarían

Present Subjunctive	Imperfect Subjunctive	Imperative	Present Participle	Past Participle
juegue	jugara	juega	jugando	jugado
juegues	jugaras	juegues*		
juegue	jugara	jugad		
juguemos	jugáramos	juguéis*		
juguéis	jugarais	juegue		
jueguen	jugaran	jueguen		

JUZGAR

to judge; to deem; to consider

Mis amigos me *juzgan* ser fiel y considerado.

My friends deem me to be faithful and considerate.

JUNTAR(SE)

to join; to move together; to go around with

Juan, junta las dos mesas para que tengamos más lugar.
Juan, move the two tables together so we can have more room.

Present	Preterite	Imperfect	Future	Conditional
juro	juré	juraba	juraré	juraría
juras	juraste	jurabas	jurarás	jurarías
jura	juró	juraba	jurará	juraría
juramos	juramos	jurábamos	juraremos	juraríamos
juráis	jurasteis	jurabais	juraréis	juraríais
juran	juraron	juraban	jurarán	jurarían

Present Subjunctive	Imperfect Subjunctive	Imperative	Present Participle	Past Participle
jure	jurara	jura	jurando	jurado
jures	juraras	jures*		
jure	jurara	jurad		
juremos	juráramos	juréis*		
juréis	jurarais	jure		
juren	juraran	juren		

Present	Preterite	Imperfect	Future	Conditional
junto	junté	juntaba	juntaré	juntaría
juntas	juntaste	juntabas	juntarás	juntarías
junta	juntó	juntaba	juntará	juntaría
juntamos	juntamos	juntábamos	juntaremos	juntaríamos
juntáis	juntasteis	juntabais	juntaréis	juntaríais
juntan	juntaron	juntaban	juntarán	juntarían

Present Subjunctive	Imperfect Subjunctive	Imperative	Present Participle	Past Participle
junte	juntara	junta	juntando	juntado
juntes	juntaras	juntes*		
junte	juntara	juntad		
juntemos	juntáramos	juntéis*		
juntéis	juntarais	junte		
junten	juntaran	junten		

JURAR

to swear [an oath]; to vow

Los testigos *juraron* decir la verdad.
The witnesses swore to tell the truth.

ABOUT THE AUTHOR

Johnnie Eng retired from teaching after 39 years of service in the Texas public school system, and currently serves as an educational consultant for several Texas school districts. He has taught all levels of Spanish from beginning to Advanced Placement. Recently, he was named Spanish Teacher of the Year for Texas by the Texas Foreign Language Association, and has received numerous other awards, including a University of Texas Ex-Students Award for Teaching Excellence.

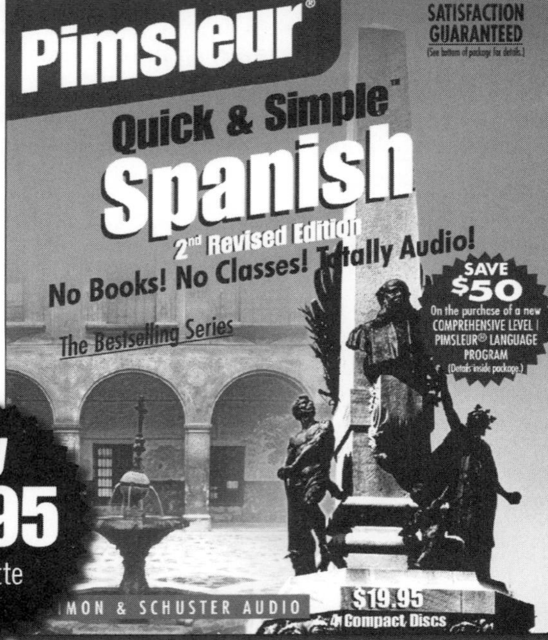